Ce livre appartient à :

Casterman
Cantersteen 47
1000 Bruxelles

www.casterman.com

ISBN : 978-2-203-10746-5
N° d'édition : L.10EJCN000536.N001

Achevé d'imprimer en décembre 2015, en France par Pollina - L74690.
Dépôt légal : mars 2016 ; D.2016/0053/121
Déposé au ministère de la Justice, Paris (loi n°49.956 du 16 juillet 1949 sur les publications destinées à la jeunesse).

martine

à la fête foraine

d'après les albums de Gilbert Delahaye et Marcel Marlier

casterman

La foire s'est installée sur la place du marché.

Aujourd'hui, Martine, Jean
et Patapouf s'y amusent
comme des petits fous.
Le manège tourne.
Les chevaux de bois montent
et descendent.

Sur les balançoires, Martine
a l'impression de voler.
– **Plus haut, plus haut,**
crie-t-elle.
Pauvre Patapouf ! Il n'a
pas l'air très à l'aise.

Voici le Palais des glaces !
– **Hi Hi**, dans ce miroir, Patapouf est gros comme un ballon, dit Martine.
– On dirait qu'il va éclater, dit Jean.

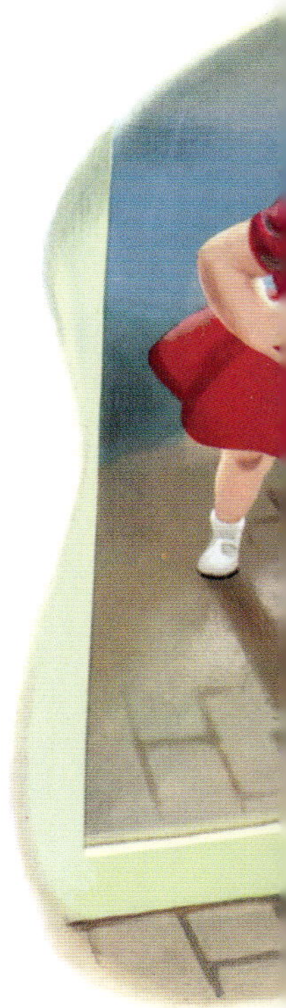

MARLIER

MARLIER

C'est l'heure du spectacle de Monsieur Roberto.

– **Abracadabra,** dit le magicien. Attention, Patapouf ! Des souris vont sortir de mon chapeau !

– **Mmmm...** ça sent bon, dit Jean. Allons voir d'où ça vient.

– Voulez-vous des beignets aux pommes ou des nougats ?

– Je voudrais des beignets et une barbe à papa, répond Martine.

MARLIER

MARLIER

Un peu plus loin, ils
s'amusent au jeu de massacre.
Si on fait tomber les
boîtes, on gagne des
poupées ou un jouet.
Ce n'est pas évident !

Maintenant, Jean joue au tir à pipe.

– Visez bien, dit le cow-boy. Il faut être très concentré.

Bravo ! Vous avez gagné.

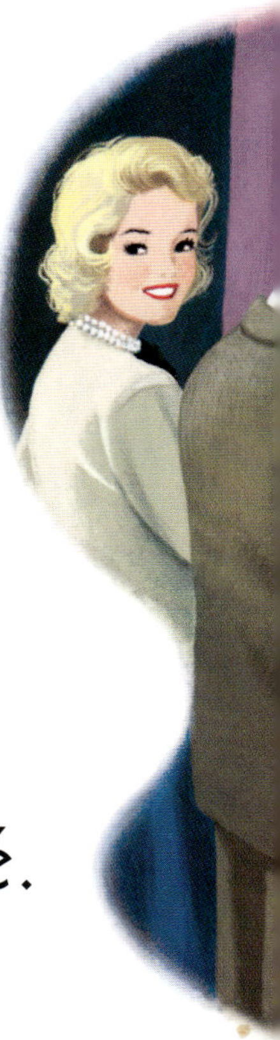

MARLIER

MARLIER R

Au manège, Martine et Jean ont choisi la voiture rouge.

Martine appuie sur la pédale. Elle tourne le volant. **Vroum !** C'est parti.

– Prends garde aux accidents, dit Jean.

Et maintenant, un petit tour en avion.

Comme c'est haut !

Patapouf se prend pour un aviateur.

Il a toujours rêvé de voler dans les nuages...

MARLIER

À la loterie, Martine tire le numéro huit.

Attention, la roue se met à tourner.

– **Youppie,** dit Martine. J'ai gagné une peluche.

Voici la ménagerie. Martine s'approche de la cage du singe.

Et hop ! Il lui attrape son chapeau !

Comme il est amusant !

MARLIER

MARLIER

De retour au manège,
ils choisissent un scooter.
C'est Martine qui conduit.
À l'arrière, Jean est fier de
sa sœur.

Mais où est donc passé
Patapouf ?

– Tu entends cette musique ? demande Jean.

– Le concert près du kiosque a commencé, répond Martine. Allons-y !

Les musiciens jouent du saxophone, du cor, de la trompette et de la grosse caisse.

MARLIER

MARLIER M.

– **Qui veut des ballons ?**

crie la marchande.

– Moi, dit Martine.

Je voudrais un bleu et

un rouge.

– Voici, Mademoiselle.

Faites attention,

ils pourraient s'envoler.

Avant de quitter la foire,
Martine, Jean et Patapouf
se font photographier.
Un petit sourire…
Voilà un chouette
souvenir !

MARLIER

MARLIER

Il est temps de rentrer à la maison.
Quelle belle journée !
Demain, Martine et Jean auront plein de choses à raconter à leurs amis.

Titres disponibles

1. **martine** petit rat de l'opéra
2. **martine** un trésor de poney
3. **martine** apprend à nager
4. **martine** un mercredi...
5. **martine** la nouvelle élève
6. **martine** a perdu son chien
7. **martine** à la montagne
8. **martine** fait du théâtre
9. **martine** a une étrange voisine
10. **martine** en classe de découverte
11. **martine** se dispute
12. **martine** déménage
13. **martine** et le cadeau d'anniversaire
14. **martine** monte à cheval
15. **martine** la nuit de noël
16. **martine** est malade
17. **martine** fait ses courses
18. **martine** et un chien du tonnerre
19. **martine** et les lapins du jardin
20. **martine** en bateau
21. **martine** à la mer
22. **martine** et les fantômes
23. **martine** au pays des contes
24. **martine**, princesses et chevaliers
25. **martine** à la maison
26. **martine** et le chaton vagabond
27. **martine** à la fête foraine
28. **martine**, l'arche de Noé
29. **martine** garde son petit frère
30. **martine**, la leçon de dessin
31. **martine** et l'âne Cadichon
32. **martine** fait de la bicyclette
33. **martine** dans la forêt
34. **martine** et les marmitons
35. **martine** au cirque
36. **martine** en voyage
37. **martine** la surprise
38. **martine** baby-sitter
39. **martine** fait du camping
40. **martine** et son ami le moineau
41. **martine** se déguise
42. **martine** protège la nature
43. **martine** fait de la musique
44. **martine** prend le train
45. **martine** en vacances
46. **martine** en montgolfière
47. **martine** au zoo
48. **martine** et le prince mystérieux
49. **martine** en avion
50. **martine** fête maman
51. **martine** à la ferme
52. **martine** et les quatre saisons
53. **martine**, vive la rentrée !
54. **martine** fait la cuisine

ENTDECKEN SIE UNSERE
LIEBLINGSPLÄTZE
GMEINER

MIT SACK UND PACK UND RIEGEL

Lutter – Auberge et Hostellerie Paysanne

»Andere Leute bauen sich schöne neue Häuser und du? Du kaufst dir einen Haufen uraltes Holz.« Begeistert war Christiane Litzlers Vater nicht, auch wenn es seiner Tochter um ganz besondere Balken ging. Hatte man doch mit ihnen vor fast 400 Jahren im Dorf Hésingue *La Maison Knopf* gebaut, eines jener Häuser, die in Deutschland als Fachwerk- und in der Schweiz als Riegelbau bekannt sind. Riegelbau deshalb, weil die horizontalen Querhölzer Riegel heißen. Dank der speziellen Technik ihrer Holzkonstruktion können diese Baukasten-Häuser demontiert, transportiert und andernorts wieder aufgebaut werden.

Fahrhabe nannte man diese mobilen Immobilien, und im Sundgau kamen solche Haus-Umzüge gar nicht so selten vor. Wenn ein Kind das Grundstück erbte und das andere den darauf gebauten Riegelbau erhielt, wenn eine Braut ein solches Haus als Mitgift bekam oder es auf gepachtetem Boden errichtet worden war und der Pachtvertrag auslief – in all diesen Fällen wurde den Bauten Beine gemacht. Auch *La Maison Knopf* musste auf Reisen gehen. Nachdem ihm in Hésingue der Abriss drohte, zog das große Sundgauer Bauernhaus mit all seinen Riegeln ins 19 Kilometer entfernte Lutter, am Rande des elsässischen Jura.

Glücklich alle Sundgau-Reisenden, die auf Herbergssuche sind, denn aus dem einstigen Hof machte Christiane Litzler eine *Hostellerie*. Neun gemütliche Zimmer bietet das Haus mit den himmelblauen Fensterläden, der blumengeschmückten Galerie und dem uralten knarzenden Gebälk. Wenige Häuser weiter, im Zentrum von Lutter steht die dazugehörige *Auberge Paysanne*. Hier bewirtet Familie Litzler ihre Gäste nunmehr in vierter Generation seit 1893 mit dem Allerbesten aus der französischen Küche. Von einem der Fotos dort an der Wand lächelt auch Christiane Litzlers Vater, der sich schließlich doch noch sehr für den alten Holzhaufen begeistern konnte.

Der wunderbare Kachelofen in der Bauernstube der *Auberge Paysanne* stammt aus Oltingue – *1 Rue de l'Église*, 00 33 / 03 89 / 40 78 27. Seinen Erbauern kann man dort bei ihrer Arbeit zuschauen.

DOMAINE DU GEISSBERG /// 22 RUE PRINCIPALE ///
68480 BIEDERTHAL /// 00 33 / 09 53 / 72 42 24 ///
WWW.DOMAINE-DU-GEISSBERG.FR ///

DELIKATESSEN-DRIVE-IN

Biederthal – Ziegenkäserei Domaine du Geissberg

»Mein Käse meckert«, so mokierten sich all jene, die beim Biss in einen Ziegencamembert glaubten, ein stinkender Bock stünde direkt neben ihnen. Das alte Imageproblem ist längst als Vorurteil entlarvt, und Käsekenner fachsimpeln über Sorten, Konsistenz, Reife und richtige Lagerung von Ziegenkäse wie sonst nur Sommeliers über Wein. Das geht gelegentlich so weit, dass ich an der Käsetheke verschämt herumdruckse, weil ich mich dem geballten Expertenwissen anderer Kunden unterlegen fühle und außerdem unfähig bin, die meisten Käsesortennamen fehlerfrei auszusprechen. Solche Hemmschwellen fehlen beim Drive-in-Kühlschrank in Biederthal.

»Produits de la ferme«, verkündet dort eine alte Holztafel. Sie hat fast Stoppschild-Wirkung. Autofahrer können dem Angebot des Kühlschranks, der an der Hauptstraße steht, offenbar nicht widerstehen: Ziegenkäse, Joghurt, Eier und Apfelsaft. »Wir verkaufen fast dreimal so viel wie früher im alten Hofladen«, erzählt Etienne Fernex, der seine Ziegenkäserei seit über 20 Jahren hier, im äußersten Süden des Elsass betreibt. Wo andere Landwirte versuchen, mit Mozart im Stall die Milchleistung zu steigern, genügt seinen rund 60 Ziegendamen das freie Leben und eine grandiose Aussicht. Tag und Nacht bleiben sie im Sommer auf den Weiden, links die Vogesen, rechts der Schwarzwald und im Rücken der Elsässer Jura.

Von Hand gemolken, wird ihre unbehandelte Milch zu cremigem Frischkäse verarbeitet, zu pikanten Weichkäsekugeln, in Holzasche gehüllt und mit Kräutern, Paprika, Knoblauch und Mohn verfeinert oder zu *Tomme de Chèvres*, einem halbfesten, würzigen Schnittkäse. Ihre flachen Laibe reifen in edlen Gewölben, denn das Hauptgebäude des Hofes ist ein 280 Jahre altes Herrenhaus, das einst der Familie Reich von Reichenstein gehörte. Was heute in ihren einstigen Kellern reift, schmilzt später auf den Gaumen der Gourmets.

Die Käse der Familie Fernex sind auch in der Schweiz auf den Märkten in Arlesheim und Basel zu kaufen. www.arlesheim.ch www.basler-stadtmarkt.ch

JÜDISCHER FRIEDHOF HÉGENHEIM /// RUE DE HAGENTHAL /// 68220 HÉGENHEIM ///

ALTE SYNAGOGE (STILLGELEGT) /// PASSAGE DE LA SYNAGOGUE / 4 RUE D'ALSACE /// 68220 HÉGENHEIM ///

FRISTLOS IN FRIEDEN

Hégenheim – Jüdischer Friedhof

42

»Ruhezeit abgelaufen«, stand auf dem kleinen Metallschild, das neben einem verwitterten Grabstein in torfbrauner Erde steckte und mir erstmals klarmachte: Endlos ist die letzte Ruhe auf christlichen Gottesäckern nicht, schon gar nicht ewig. Dort laufen Fristen und an deren Ende steht die Auflösung der alten Grabstätte. Jüdische Friedhöfe hingegen dürfen altern, werden »Beth Olamin«, Haus der Ewigkeit genannt, weil hier die Unantastbarkeit der Grabesruhe gilt.

Mehr als 340 Jahre alt ist der jüdische Friedhof von Hégenheim und versammelt bereits ganze Generationen von Grabstätten. Die greisen Gräber sind mir die liebsten. Da lehnen sich efeuumrankte Stelen stützend aneinander, andere neigen sich in tiefer Verbeugung und fast allen wächst ein dickes Moosfell. Frost sprengt Risse in die Steine, höhlt ihre Standfestigkeit aus, bis sie umfallen und ihre Inschriften dem Himmel direkt entgegenhalten. Der älteste Stein des Friedhofes hält sich aufrecht. Es ist das Grabmal von Jacob Levy, des ersten hier im Jahr 1673 bestatteten Toten. »Sturzbäche von Tränen fließen aus meinen Augen«, hatte sein Sohn in den Grabstein gravieren lassen, Frömmigkeit, Fleiß und Ehrlichkeit seines Vaters gewürdigt und ihm schließlich gewünscht: »Möge seine Seele eintreten in den Bund des Lebens, in den Garten Eden.« Lange nach dem Tod der letzten Angehörigen, der letzten Freunde, in deren Erinnerung Jacob Levy weiterlebte, weckt die Inschrift auf seiner Grabstelle bei mir Vorstellungen von seinem Leben.

»Wirklich tot sind nur jene, an die sich niemand mehr erinnert«, lautet ein jüdisches Sprichwort. Ich erinnere mich – an den Besuch bei Betty Buttermilch und Emil Knöpfelmacher auf dem Jüdischen Friedhof in Berlin Weißensee, an Irma Ameisen aus Krakau und an Abraham Loeb, Charlotte Braunschweig und Jacob Levy aus Hégenheim, ihre Geschichte geht weiter – in meiner Fantasie.

Unweit der französischen Grenze liegt der 1903 eingeweihte Jüdische Friedhof der Stadt Basel an der Theodor-Herzl-Strasse 90. www.igb.ch

SÜDBADEN

MARKGRÄFLERLAND UND HOCHRHEIN

DREILÄNDERBRÜCKE /// HAUPTSTRASSE /// 79576 WEIL AM RHEIN ///
WWW.W-WT.DE ///

DREILÄNDERBRÜCKE /// RUE DE FRANCE /// 68330 HUNINGUE ///

VÖLKERWANDERUNG

Weil am Rhein – Dreiländerbrücke

43

»Siehste«, triumphiert eine Frauenstimme hinter mir, »hab ich es doch gesagt. Deutschland und Frankreich, keine Schweiz.« Zum Beweis klopft die Dame nun dreimal energisch auf das Schild, das zur Einweihung der Dreiländerbrücke am 30. Juni 2007 angebracht wurde. Da stehen ausschließlich Namen deutscher und französischer Landes- und Kommunalvertreter, keine Schweizer. Ihr Ehemann nickt ergeben. Vermutlich hatte er darauf gewettet, dass die Brücke vom deutschen Weil am Rhein über Schweizer Wasser ins französische Huningue führt. Sie verfehlt den Dreiländerpunkt auch wirklich nur knapp. Er liegt keine 200 Meter von der Brücke entfernt. »Wie kleinlich!«, lacht der Mann und zieht mit seiner Frau Richtung Frankreich weiter.

Gespräche wie dieses machen die Dreiländerbrücke zu einem besonderen Ort. Die 248 Meter lange Brücke gefällt mit der asymmetrischen Konstruktion ihrer hohen Stahlbögen und mit ihrem Völker verbindenden Charakter und wurde schon mehrfach mit Preisen bedacht, entscheidend jedoch ist, was auf der Brücke passiert. Selten, dass jemand den Rhein einfach nur überquert. Da betreten Männer in Feldherrenmanier die Trasse und erklären mit raumgreifenden Gebärden die Grenzverläufe der Territorien. Schlangen ineinandergeschobener Einkaufswagen werden ratternd über die Brücken gezogen, weil die Franzosen das deutsche Einkaufszentrum so lieben, die Wagen aber am Ufer in Huningue deponieren. Im Gegenzug laufen deutsche Senioren mit Tüten voll alten Brotes auf die französische Seite, um dort die Schwäne am Kiesstrand zu füttern. Fotografen arbeiten sich an den Perspektiven ab, welche die Stahlkonstruktion der Brücke ihnen eröffnet, und Schweizer Familien winken den Passagieren der Rheinkreuzfahrtschiffe zu. So sehen sie aus, all die Alltagseuropäer, die den symbolischen Brückenschlag zwischen ihren Ländern mit Leben füllen.

Der Rheinradweg, EuroVelo 15, führt über die Dreiländerbrücke ins Elsass und durch alte Dörfer, Weinbau- und Naturschutzgebiete. www.rheinradweg.eu

DREILÄNDERGARTEN /// NONNENHOLZSTRASSE ///
79576 WEIL AM RHEIN /// WWW.WEIL-AM-RHEIN.DE ///

GRÜNER WIRD'S NICHT

Weil am Rhein – Dreiländergarten

44

42 Fußballfelder fürs Volk – das kann man ein ersprießliches Erbe nennen. Als die Landesgartenschau *Grün 99* zu Ende ging, hinterließ sie der Stadt Weil am Rhein ein Areal in der Größe von 30 Hektar. Fußball gespielt wird darauf und gepicknickt, gefaulenzt, gejoggt, gelesen, gegrillt, geplanscht, gefeiert und gegärtnert. Einfach nur da sein darf man natürlich auch, auf einer Bank sitzen und über benachbarte Getreidefelder hin zum Basler Messeturm, zum Bergrücken des St. Chrischona samt Fernsehturm und zum Schweizer Jura schauen. Schöne Aussichten über das Parkgelände und das untere Wiesental eröffnen sich auch von den beiden Plattformen des Schlaichturms, einer eleganten Konstruktion aus zwei Spiraltreppen im Norden des Gartens.

An dessen Westseite flüchten Blässhuhn-Küken fiepend ins Schilf der Wassergärten, Skater flitzen an üppig blühenden Rosenrabatten vorbei, und die Steintürme im Keltengarten spielen Little-Stonehenge. Liebling der Kinder ist der Wasser speiende Tatzelwurm, der sich durch die Landschaft windet, wie es sich für ein Fabeltier gehört. Einst lief durch das heutige Parkgelände eine Bahnlinie, und ein kurzes Stück der ehemaligen Kreisstraße, das sich der Renaturierung widersetzt hat, erinnert noch an die asphaltgraue Vergangenheit. Nebenan leben heute neugierige Zwergziegen, Kaninchen, Frösche, Libellen, Wildbienen und Eidechsen – alles Einwohner des Trinationalen Umweltzentrums. Rund um ein Fachwerkhaus, das über 200 Jahre im elsässischen Sundgau stand, hat das Umweltzentrum ein Freilandlabor errichtet. Dazu gehören Schaugärten mit Stauden, Heil-, Färbe- und Gewürzpflanzen und ein Weiher. Getreu dem länderübergreifenden Gedanken des Gartens kommen hier Schulklassen aus Deutschland, Frankreich und der Schweiz zusammen, um gemeinsam Felder zu bepflanzen – Völker verbindendes Säen und Ernten also.

Die historische Gartenstadt Leopoldshöhe grenzt direkt an den Park. Erbaut für Eisenbahnarbeiter lohnt das denkmalgeschützte Wohnviertel einen Spaziergang.

MARKGRÄFLER WEIN E. V. /// BREISACHER STRASSE 12 ///
79395 NEUENBURG /// 00 49 / 0 76 31 / 93 88 00 ///
WWW.MARKGRAEFLER-WEIN-EV.DE ///

DIONYSOS' GELIEBTER

Gutedel

7/11

Ampelografie – schon mal gehört? Nein, es handelt sich dabei nicht um die Wissenschaft von den Lichtzeichenanlagen im Straßenverkehr. Ampelos, das war der junge Geliebte von Dionysos, dem Gott des Weines und der Trauben. Als Ampelos bei einem Reitunfall ums Leben kam, tröstete Zeus den trauernden Dionysos, indem er den Leichnam des Geliebten in eine Weinrebe verwandelte. Damit er die Rebe überallhin mitnehmen konnte, pflanzte Dionysos sie in einen Knochen. Leicht zu transportieren, verbreiteten sich ihre Trauben und schließlich ihr Wein in der ganzen Welt.

Welche Rebsorten wo vorkommen, können wir in der Rebenkunde nachlesen – der Ampelografie. Ein direkter Abkömmling von Ampelos könnte der Gutedel sein, der als eine der ältesten Rebsorten der Welt gilt. Vor 5.000 Jahren sollen ihn schon die Ägypter angebaut, Römer und Griechen die Reben später nach Europa gebracht haben. So global ihre Verbreitung, so vielfältig auch ihre Namen: Als Wälscher, Krachmoster, Frauentraube, Junker, Bon Blanc, Fendant und Chasselas ist die Weißweinrebe bekannt. In Deutschland wurde der gute Edle bereits zu Beginn des 17. Jahrhunderts gekeltert, doch ohne einen einflussreichen und trinkfreudigen Weinliebhaber wäre das Markgräflerland vielleicht nicht zum Gutedel-Zentrum geworden: Markgraf Karl Friedrich von Baden brachte die Weinstöcke 1780 aus dem westschweizerischen Vevey am Genfersee in seine Heimat mit, und dort entwickelte sich die Sorte zum Shootingstar Südbadens.

Der Gutedel gehört heute zum Markgräflerland wie der Korken zur Flasche. Mehr als ein Drittel der gesamten Rebflächen des Markgräflerlandes sind mit Gutedel bepflanzt, und die Markgräfler feiern ihren frisch-fruchtigen Lieblingswein mit Gutedel-Tagen, Gutedel-Wanderungen, Weinfesten und -märkten. Also: Ein Gläschen auf Dionysos und all die Nachfahren seines Geliebten!

Eine schöne Gelegenheit zur Verkostung der südbadischen Spezialität bietet sich, wenn alljährlich in Badenweiler der Gutedel-Cup an die besten Weine geht.

ART-DORF – FREILICHTGALERIE ÖTLINGEN GERHARD HANEMANN ///
DORFSTRASSE 107 /// 79576 WEIL AM RHEIN / ÖTLINGEN ///
00 49 / 0 76 21 / 7 70 25 79 /// WWW.ART-DORF.DE ///

BILDERDORFBILDER

Weil am Rhein / Ötlingen – ART-Dorf

45

Wenn Kreditanstalten Werke etablierter Künstler in den Park stellen, feiert man Kunst im öffentlichen Raum, die von großen Namen lebt. Was aber ist mit all den Unentdeckten, die vielleicht keine zukünftigen Richter, Rauchs oder Gurskys werden, aber dennoch einen eigenen Ausdruck gefunden haben? Bleibt denen nur der eigene Vorgarten, um ihre Kunst öffentlich zu präsentieren? Die Antwort darauf gibt Ötlingen, ein Stadtteil von Weil am Rhein und eines der schönsten Dörfer des Markgräflerlandes.

Plastiken auf Plätzen, Installationen in Innenhöfen und großformatige Fotos und Gemälde an den Fassaden alter Fachwerkhäuser machen Ötlingen zu einer großen Freilichtgalerie, zum ART-Dorf eben. Manche Häuser tragen ihre Kunstwerke wie Orden, andere wie ein Pflaster zum Trost für einen zu trist geratene Fassadenanstrich oder so stolz wie Marilyn Monroe ihren Schönheitsfleck. Gerhard Hanemann, Initiator des Projekts, fing im Jahr 2005 mit einem eigenen Bild an der Wand seiner Druckerei an. 2007 fand dann die erste Vernissage von 30 Künstlern statt, und seitdem wächst das Kunstdorf Werk für Werk. Jedes Objekt gilt als Leihgabe des Künstlers für etwa fünf Jahre, die Hauseigentümer können es jedoch auch dauerhaft erwerben. Die sonnenbadende Eichenholzskulptur zum Beispiel, das sich innig umarmende Steinpaar, die Sonnenblumen neben dem Garagentor, die Krawattenpinguine, viele abstrakte Acryl-Gemälde oder das orangerote Bild des lächelnden Straußenvogels.

Ötlingens Häuser ersetzen nicht nur Wände, Nägel und Rahmen. Sie sind weit mehr als nur Präsentationsfläche, denn bröckelnder Putz, strahlend weißer Kalk oder die Geranienromantik auf ihren Balkonen verschmelzen mit Bildern, Fotografien und Skulpturen zu einem Gesamtkunstwerk. Statt Renoir, van Gogh und Picasso über dem Kamin Krell, Ramno und Winterle über der Haustür.

☞ Wein aus Ötlinger Trauben, nach alter Tradition angebaut und von Hand gelesen, gibt es beim Weingut Vinessli in der Dorfstraße 103 zu kaufen.

CAFÉ INKA /// DORFSTRASSE 95 / 1 ///
79576 WEIL AM RHEIN / ÖTLINGEN /// 00 49 / 0 76 21 / 6 53 87 ///
WWW.CAFE-INKA.COM ///

SÜDAMERIKA IN DER ABSTELLKAMMER

Weil am Rhein / Ötlingen – Café Inka

Inkas auf Kaffeetassen, Kissen, Schlüsselanhängern, T-Shirts und Mousepads – all das und noch viel mehr hätte die Merchandising-Industrie ausgespuckt, hätte es sie nur schon gegeben, als Jean-François Marmontels Roman *Die Inkas oder die Zerstörung des Imperiums von Peru* zum Bestseller wurde. Das war 1777. Für den Film zum Buch war es noch zu früh, also gab es die Tapete zum Buch, produziert in der Pariser Manufaktur Dufour & Leroy, den führenden Tapetenherstellern jener Zeit.

Man stelle sich vor: *Der Herr der Ringe*, *Harry Potter* oder sogar die Bibel als Wandschmuck – die Idee hat Charme. Das fand wohl auch der Inhaber des Ötlinger Gasthauses *Zum Ochsen*. Der griff tief in die Tasche und ließ ein Exemplar der Inka-Tapete im Festsaal seiner Wirtschaft anbringen. Tropische Pflanzen, Tempel und festlich mit Federhüten geschmückte Inkas – so stellte man sich das Paradies von Peru vor Ankunft der Spanier vor. Wie dieser Schuss Exotik im rustikalen Südbaden ankam, lässt sich nur vermuten. Fakt ist, dass der einstige Festsaal später zu einer Rumpelkammer verkam und man die Tapete völlig vergaß. Ihre Wiederentdeckung im Jahr 1988 geriet dann zu einer Sensation. Heute verblüfft sie die Gäste des Café Inka. Im Sommer sitzen sie zwar lieber im schattigen Innenhof oder in der Laube und probieren sich durch die köstlichen selbst gebackenen Kuchen. Von der über 200 Jahre alten Papierdekoration lassen sich dennoch alle ins Innere locken. Dort stehen sie dann in einer heimeligen Bauernstube mit dunklen Dielen und warm glänzenden Holzstühlen und erleben, wie das milchige Blaugrün der Tapete den Raum zwar veredelt, ihn aber keinesfalls kitschig oder pompös wirken lässt.

Badischer Charme, Pariser Stil und peruanische Geschichte – das ist der Stoff für erfolgreiches Marketing. Wie wäre es denn mit dem Film zur Tapete?

Das neue Gasthaus *Zum Ochsen* liegt dem Café Inka gegenüber und ist berühmt für den wunderbaren Blick von seiner Terrasse auf das Rheintal. www.gasthaus-zum-ochsen.de

DREILÄNDERMUSEUM / MUSÉE DES TROIS PAYS ///
BASLER STRASSE 143 ///
79540 LÖRRACH /// 00 49 / 0 76 21 / 41 51 50 ///
WWW.DREILAENDERMUSEUM.EU ///

VIEL NEUES VOM NACHBARN

Lörrach – Dreiländermuseum / Musée des Trois Pays

Die versteinerten Rippen einer Seekuh, eiserne Armbrustbolzen, der rotbraune Kinnbart eines Alamannen, ein Schlagbaum, Boule-Kugeln, Goethes *Faust* und Tells Apfel, Glühlampen-Bezugskarten, ein Plakat mit dem Tagesbefehl des Führers und der Lehnsessel eines Mundartdichters – wie passt all das zusammen? Es sind Steinchen einer kaleidoskopischen Reise durch das Lörracher Dreiländermuseum, die uns vom Leben im oberrheinischen Siedlungsraum erzählen und von der gemeinsamen Geschichte der Dreiländerregion Schweiz, Deutschland und Frankreich. Es gibt viel Neues über unsere alten Nachbarn und auch über uns selbst.

Wer sich Fragen stellt, wer sich Zeit an den Hörstationen und im Kinosaal nimmt, wer sich von Fotografien und Zeitungsschlagzeilen berühren lässt, wer über die weißen Tennissocken der Deutschen und die Kuhglocken der Schweizer in den Klischeevitrinen lacht, und wer aufhört zu lachen, wenn Propagandaplakate offenbaren, wie perfide Vorurteile gefördert wurden, der kann im Dreiländermuseum Erkenntnisse sammeln wie Pilze im Körbchen. Wie groß der Vorrat an Gemeinsamkeiten doch ist, wie falsch einige Vorstellungen vom Leben im anderen Land und wie einseitig der Blick, wenn er an Grenzzäunen hängen bleibt. Mit diesen Einsichten ändert sich auch unsere Perspektive auf die Menschen am Oberrhein, die hier, 70 Jahre nach dem Krieg, wieder enger zusammenleben als anderswo. Ein Südbadener ist schneller in Paris als in Berlin, und auch Bern liegt näher als die Landeshauptstadt Stuttgart. Es sind nicht nur Grenzen und Pässe, die aus Menschen Staatsangehörige machen – Nähe, gemeinsame Wurzeln und geteilte Erfahrungen aber machen Schweizer, Deutsche und Franzosen im Dreiländereck zu An-Rheinern, die Tag für Tag zeigen, wie bemerkenswert einfach Europa sein kann.

Der Oberrheinische Museums-PASS-Musées berechtigt zum Besuch von über 250 Museen in Deutschland, Frankreich und der Schweiz. www.museumspass.com

BRIDGE-GALLERY LÖRRACH /// UNTER DER WIESENTALBRÜCKE / A 98 /
GRÜTTPARK /// 79539 LÖRRACH /// WWW.BRIDGE-GALLERY.DE ///

ABGASBLAU UND BETONPINK

Lörrach – Bridge-Gallery

48

Holt die Leute von der Straße, und schickt sie unter die Autobahn. Tut das im Namen der Sprühdose, denn mit der lassen sich aus staubgrauen Wänden bunte Wände machen. Wozu, fragen Sie? Blass ist doch beautiful, und die Idee eines Ausflugs unter die Autobahnbrücke klingt nach konfusem Konzept verzweifelter Marketingmenschen.

Es ist verständlich, dass die Hausbesitzer unter Ihnen schon beim Stichwort Graffiti rot sehen. Wir reden hier aber nicht über die Galerie des Grauens, die an Ihrer Fassade oder auf S-Bahn-Züge geschmiert ist. Hier geht es nicht darum, wie Hunde ein Revier zu kennzeichnen, nur mit Farb- statt mit Duftmarken. Unter der A 98 werden Brückenpfeiler und Betonwände zur Ausstellungsfläche für gesprühte Kunstwerke. Mit einer kostenlosen *Greencard* erwerben junge Sprayer die Genehmigung, ihre Graffiti hier legal anzubringen, und international renommierte Künstler der Szene werten das Projekt mit ihren Bildern zusätzlich auf. Ironie und Witz, Provokation und Fantasie, Comic-Style und Fotorealismus – die großformatigen Graffiti zeigen die stilistische Vielfalt der Sprayer. 1,3 Kilometer ist die Ausstellung lang. Über einem das endlose Brausen auf der Wiesentalbrücke, dort eine Micky Maus vor einem Erschießungskommando, da der schwarz-weiße Kopf eines gen Himmel blickenden Mannes, hier eine sich zum Victory-Zeichen öffnende Hand und einige Pfeiler weiter zwei alte Frauen, die beieinander hocken, um vom Leben zu erzählen. Rentner führen ihre Hunde hier Gassi, Schulkinder flitzen auf ihren Rädern die Pfeiler entlang und Spaziergänger des Grüttparks kommen vom Weg ab. Die meisten verirren sich vermutlich hierher, doch viele bleiben stehen und staunen darüber, wie Kunst von unten entsteht, während von oben Tausende tagtäglich auf sie abfahren.

Von zeitgenössischen Graffiti zu mittelalterlicher Baukunst: Die Burg Rötteln ist eine der größten Burganlagen Südbadens. www.burgruine-roetteln.de

HEIMAT ZUM REINSCHLÜPFEN

Markgräfler Tracht

Dieser Hut darf in der Kirche auf dem Kopf bleiben. Hat er ein besonders gottgefälliges Design oder der Pfarrer gar ein Mode-Faible? Ausgeschlossen ist beides nicht. Der Hut aber ist Teil einer Tracht, »und deren Einheit soll gewahrt bleiben, auch in der Kirche«, erklärt Fred Wehrle, setzt sich seinen breitkrempigen Hut auf, und steht nun da, in der ganzen Pracht seiner Tracht: schwarze lange Hosen, schwarzer Gehrock, darunter eine bestickte Weste, ein weißes Hemd und eine schwarze Halsbinde. Seine Frau Saskia Wehrle trägt ein blaugrünes hochgeschlossenes Kleid mit langen Ärmeln, schwarzer Schürze, ein beigeweißes Tuch aus Baumwolltüll und eine Kappe mit großer Schleife, von deren Enden ein Strang langer Fransen baumelt.

Trachten verraten eine Menge über ihren Träger. Das weiß, wer Amerikaner, Japaner und Preußen in Dirndl und Lederhosen im Oktober beim Karneval auf Bayrisch ihre Maß stemmen sah. Als Party-Outfit und Mode-Gag machen die Kostüme ihre Träger zu Karikaturen einer Kultur, die ihnen meist völlig fremd ist. Für das Ehepaar Wehrle ist die Markgräfler Tracht keine Maske. Wenn sie ihre Schränke und Truhen öffnen, holen sie immer ein Stück Heimat heraus. Alltags-Ich und Trachten-Ich sind bei ihnen identisch, und deshalb haben wir auch nicht das Gefühl, Menschen zu begegnen, die in einer anderen Welt, einer anderen Zeit leben. Seit 40 Jahren sammelt Fred Wehrle alles, was er über die Markgräfler Tracht finden kann, und füllt mit Kopien alter Stiche, Gemälde und Fotografien Ordner. Darüber gebeugt kann man lange Nachmittage verbringen und Menschen betrachten, die alle die gleiche Aura von Anmut ausstrahlen, die wir vorher bei Fred und Saskia Wehrle wahrgenommen haben.

Die Haltung der Trachtenträger ist verkörperte Geschichte, und die reicht im Fall der Markgräfler Tracht bis ins 17. Jahrhundert zurück. Den alemannischen Dichter Johann Peter Hebel begeisterte das Gewand später derart, dass er es in seinem Gedicht *Die Wiese* verewigt hat. Darin beschreibt er den Fluss des Wiesentals in Gestalt einer Frau, Vreneli mit Namen, und als das Vreneli die Konfessionsgrenze überschreitet und von den Katholiken ins lutherische Markgräfler-

land gelangt, kleidet der Dichter sie neu ein. Auch Saskia Wehrle steht im Nu als Vreneli vor uns mit einem fächerartigen Zwickelrock, blumigen Stickereien auf dem Mieder, einem boleroähnlichen Jäckchen, das Mailänder Halstuch elegant um Hals und Schultern gelegt und einem breitrandigen Strohhut in der Hand. Den Kopf ziert die sogenannte Dotschchappe mit bunten Blumenstickereien und einer kleinen Schleife, die flach anliegt. Die großen Flügelschleifen, die den französischen Schriftsteller Victor Hugo bei seinem Besuch im badischen Oberland an große schwarze Schmetterlinge erinnerten, entwickelten sich erst im Lauf der Zeit. Die Wandlung von der alten Vreneli-Tracht bis zur Markgräfler Tracht mit der markanten, bis zu 50 Zentimeter breiten Hörnerkappe samt langer Fransen war etwa um 1890 abgeschlossen, aber schon in den 1930er-Jahren trug kaum noch jemand Tracht, und heute hat sie sich ins Reservat der Trachtenvereine zurückgezogen.

Gehören Trachtenträger im Markgräflerland denn zu einer bedrohten Art? Die Tradition stirbt nicht, sie gähnt nur ein bisschen. Wurden Wehrles in den 1980er-Jahren gelegentlich als Wichtigtuer angefeindet, können sie jetzt ein Comeback der Tracht beobachten und vermuten darin auch eine Gegenbewegung zur Globalisierung, eine Sehnsucht nach Sicherheit. Einen Trend wollen sie im Trachten-Revival lieber nicht entdecken, denn In-Sein riecht immer auch nach Landhaus-Katalog, nach Folklore für Touristen und Vergänglichkeit. Mit einer Tracht aber wird man Teil eines Ortes, Teil der Geschichte und hält eine Tradition am Leben.

RHEINDIGGERS GOLDWASCHKURS RAINER STÄRK ///
BRESLAUER STRASSE 14 /// 79576 WEIL AM RHEIN ///
00 49 / 01 77 / 9 25 15 22 /// WWW.GOLDWASCHEN-AM-RHEIN.DE ///

NULL NUGGETS, VIEL FLITTER

Istein – Goldwaschkurse am Rhein

49

Männer starren wie hypnotisiert auf leere Pfannen. Konzentriert kneifen sie die Augen zusammen, um das Sehen auf größtmögliche Schärfe zu stellen, wollen sich das goldgelbe Glitzern doch nicht entgehen lassen, fahren mit der Kuppe ihrer Zeigefinger sicherheitshalber noch einmal über den Pfannenboden. Da war doch was? Nein, doch nicht. Enttäuschung hat viele Gesichter, hier bei Istein am Rhein ist sie bitter und bodenlos und lähmt die Lachmuskeln.

Viel erwarten die Teilnehmer von Rainer Stärks Goldwaschkurs doch gar nicht. Das wertvolle Metall tritt ja nicht in Klumpen zutage, sondern in Form hauchzarter Körnchen, Flitter genannt, die mehrwertsteuerfrei aus den Schweizer Alpen über die Flüsse Aare und Reuss in den Rhein gelangt sind und jetzt bitte in den Pfannen hoffnungsfroher Goldwäscher leuchten sollen. In einer Reihe haben sie ihre Campingstühle in den Rhein postiert. Das Wasser plätschert und schwappt in ihre hohen Gummistiefel. Der Rhein macht einsilbig. Kein Wort wird gesprochen, während große Steine, Holz und Muscheln ausgeschüttelt werden. Am Ende soll nur schwarzer Sand übrig bleiben, denn nur darin können sich die wertvollen Krümel verbergen. Plötzliches Juchzen: Gleich sieben Flitter in einer Pfanne.

Stimmungsumschwung auf den Campingstühlen. Der Goldfund wirkt wie Fanfarenstöße zur Jagd. Fieberhafter Eifer legt sich über den Rhein. Sage später niemand, er sei nicht gewarnt worden: Im südbadischen Eldorado lauert die Sucht. Zwei Dutzend Flitter findet der erfolgreichste Teilnehmer. Die Punkte eines Marienkäfers sind größer als die sechs Körnchen, die ich nach vier Stunden gewaschen habe. Stolz sind wir alle und selbst ohne Rheingold reich, reich an Zeit, die wir verschwenden können, um frei von Hektik und Stress in der Natur zu sein. Die goldgelben Splitter in unseren Pfannen sind Trophäen einer Auszeit.

☞ Kaufen können Sie ihn mit Ihrem Goldfund nicht, aber auf einen schönen Tag am Rhein anstoßen – mit Wein vom Schlossgut Istein. www.weingut-schloss-istein.de

DAUBENTURM GEGENÜBER DEM GASTHAUS ZUR WESEREI ///
HAUPTSTRASSE 81 /// 79400 KANDERN /// WWW.KANDERN.DE ///

MARKGRÄFLER KÜFERMUSEUM IM RATHAUS ///
TANNENKIRCHERSTRASSE 2 /// 79400 KANDERN-TANNENKIRCH ///

Tastatur und Touchscreen bedient mein sechsjähriges Patenkind mühelos. Vor einem alten Telefon mit Wählscheibe stand sie hingegen ziemlich hilflos, und ich dachte verwundert: Ist doch noch gar nicht so lange her. Ist doch noch gar nicht so lange her, denke ich auch jetzt wieder. Wir spazieren im kleinen Hebelpark an der Kander, und dieses Mal bin ich die Unwissende.

Von Weitem habe ich das Ding für ein Kunstwerk gehalten. Jetzt informiert mich eine Tafel darüber, dass wir einen Daubenturm vor uns haben. Meine Hochachtung allen, die jetzt sagen können: Na klar, ein Daubenturm. Ich brauchte Nachhilfe. In vielen Orten des Markgräflerlandes gab es ein oder mehrere Küfer, die aus Harthölzern Fässer herstellten und für den Ausbau der Weine zuständig waren, und wo ein Küfer sein Handwerk ausübte, da waren auch Daubentürme nicht weit. Dauben, so nennt man die Längshölzer, aus denen Fässer zusammengesetzt werden. Vor ihrer Verarbeitung mussten sie jedoch gut trocknen und wurden zu diesem Zweck übereinander gestapelt. So entstanden kunstvoll konstruierte Türme, mal sechs-, mal achteckig und bis zu 13 Metern hoch, echte Wahrzeichen eines jeden Weinbaudorfes.

Vier bis fünf Jahre blieb ein solcher Turm stehen, denn man musste mit gut einem Jahr Lagerungszeit pro Zentimeter Dicke rechnen, bis das Holz restlos getrocknet war. In Kandern arbeiteten Küfer bis Mitte der 1970er-Jahre. Noch gar nicht so lange her also, droht aber schon in Vergessenheit zu geraten. Abhilfe kann da das Küfermuseum in Kandern-Tannenkirch samt großer Werkzeugkollektion schaffen oder aber der Wink mit der Daube im Hebelpark. Ehemalige Fassküfer und einige Helfer schichteten dort 700 verschieden lange Dauben zu einem sich nach oben verjüngenden Turm, der in einer gedrehten Spitze endet – der hölzerne Botschafter eines alten Handwerks.

Den Ausflug in die Küferei-Vergangenheit startet man am schönsten mit einer Fahrt in den historischen Dampfzügen der Kandertalbahn. www.kandertalbahn.de

EIN FALL FÜR DEN BACKDETEKTIV

Scharwaie

8/11

Immer wissen die Großmütter Bescheid – immer. Fragt man sich, wie der Kaffeefleck aus der Tischdecke herausgeht, oder was dem Käsekuchen den goldgelben Glanz verleiht, dann blättert man in Großmutters Kochbuch oder sucht im Internet nach dem geballten Hausfrauenwissen früherer Generationen. Ganz besonders gefragt sind alte Backrezepte. Wundert uns nicht. Wer soll in Zeiten des mobilen Mampfs von Burger, Döner & Co. denn noch selbst wissen, wie man zum Beispiel eine Scharwaie backt. Eine was?

Eine Scharwaie. Das ist ein typisch südbadisches Fladenbrot, das im Markgräflerland in aller Munde ist, von dem aber dennoch keiner weiß, wo es eigentlich herkommt. Müssen halt wieder die Großmütter ran. Die haben im Markgräflerland ihren Job so gut gemacht, dass dort immerhin schon potenzielle Omas, also Damen im Alter von 29 bis 49, das Scharwaie-Rezept kennen: Mehl, Salz, Hefe, lauwarmes Wasser und Rapsöl zu Teig kneten. Daraus einen etwa zwei Zentimeter dicken Fladen formen, rautenförmig einschneiden, mit groben Salz und Kümmel bestreuen und 30 Minuten backen – fertig ist der Fladen.

Schneller als eine Scharwaie gebacken ist, lässt sich die Herkunft ihres Namens klären. In Zeiten, in denen nur ein Mal in der Woche gebacken wurde, bereitete man entsprechend große Teigmengen vor. Teigreste, die nicht mehr für ein ganzes Brot ausreichten, »scharrte« man zusammen. In Holzöfen entwickelt sich zu Beginn eine starke Bodenhitze. Um diese zu nutzen, wurden zunächst flache, schnell zu backende Waien, also flache Kuchen oder Fladen, in den Ofen geschoben und erst danach die eigentlichen Brote. Wer aber hat die Scharwaie als erstes geformt und damit Brotgeschichte geschrieben? In manch südbadischen Bäckerstuben munkelt man, es sei eine elsässische Erfindung. Genaues weiß in diesem Fall aber nicht einmal die Großmutter.

In Müllheim gibt es Scharwaien noch bei Bäckermeister Reiner Kirschner in der Staltengasse 2 oder in der Haupstraße 143. www.baeckerei-kirschner.de

BLANKENHORNPARK /// HAUPTSTRASSE 122 /// 79379 MÜLLHEIM ///
WWW.MÜLLHEIM.DE ///

NACH OBEN IST NOCH LUFT

Müllheim – Mammutbaum im Blankenhornpark

51

Wo soll das enden? Ich lege den Kopf weit in den Nacken und spähe den schnurgraden Stamm hinauf und hinauf und hinauf und kann die Krone des Baums doch nicht entdecken. Die ist nur für Blicke aus der Distanz gemacht, wenn das Gesamtbild vom Fuß bis zum Wipfel bewundert und anschließend bedauernd festgestellt wird: Für den Vorgarten ist der aber nichts.

»*Sequoiadendron giganteum*« lautet der wissenschaftliche Name des Bergmammutbaums im Müllheimer Blankenhornpark. Er zählt zu einer der größten Baumarten der Erde. Die ältesten bekannten Vertreter dieser Art wachsen im Nordwesten der USA. Wolkenkratzer des Waldes werden sie auch wegen ihrer Höhen von über 80 Meter genannt. Seit mehr als 2.500 Jahren sind diese Riesen schon auf der Welt. Verglichen mit seinen amerikanischen Verwandten ist der Müllheimer Mammutbaum ein Zwerg, der noch nicht einmal das Teenageralter erreicht hat. Gut 22 Meter misst er, macht uns die Umarmung mit einem Stammesumfang von 1,70 Metern schon sehr schwer, ist aber noch keine 200 Jahre alt. Seine zimtbraune dicke Borke legt sich schützend um den Stamm. Trotz vieler Furchen fühlt sie sich nicht hart und rissig, sondern schwammig-weich an. Der große Freund kratzt nicht beim Anlehnen. Weiter oben formieren sich bogenförmig hängende Äste wie zum Tanz um ihre Mitte und ähneln so einem der tausendarmigen Götter Asiens. Noch weiter oben liegt das Himmelbett für Tauben. Sehen kann ich sie nicht, aber ihr beruhigendes Gurren hören, und während ich im Schatten des Baumes langsam ein bisschen zu frieren beginne, fängt sein Wipfel noch die letzten Strahlen der untergehenden Sonne.

Wenn uns keine Schädlinge, Blitzeinschläge oder Unfälle dazwischen kommen, werde ich den Mammutbaum mein ganzes Leben lang besuchen können und mir vorstellen, wer ihm in den nächsten Jahrhunderten beim Wachsen zusehen wird.

Weitere Mammutbäume finden Sie in Müllheim im Garten der katholischen Kirchengemeinde, Hafnergasse 4 und beim Schulzentrum in der Goethestraße 18.

PARK DER SINNE /// OBERER KIRCHWEG /// 79410 BADENWEILER ///
00 49 / 0 76 32 / 79 93 00 /// WWW.BADENWEILER.DE ///

NATUR 2.0

Badenweiler – Park der Sinne 52

»Mach ein Organ aus dir.« Mein lieber Goethe, es ist schön, dass sie dich auch in Badenweiler zitieren können, mich aber nervt deine Forderung. Sie klingt allzu pädagogisch und irgendwie anstrengend, dabei soll sie Besucher am Eingang zum Park der Sinne doch einladen und neugierig machen. Mein Begleiter Thomas guckt gequält. Aus Angst vor Wünschelrutengängern, Weihrauchstäbchenanzündern und Neu-Buddhisten wollte er gar nicht erst mitkommen, und nun soll er also ein Organ aus sich machen. Viel Vergnügen!

Keine fünf Minuten später sitzen wir beide auf einer Schaukel. Während ich mit Leichtigkeit nach oben schwinge, setzt Thomas sich trotz aller Mühe nicht in Bewegung. Dann aber komme ich zum Stillstand, und ohne eigenes Zutun wird Thomas in Schwingung versetzt, bis er stoppt und ich wieder schaukeln kann. Erste Lektion über Resonanz, Rhythmen und Zyklen und über die Leichtigkeit, die sich einstellt, wenn man die Dinge einfach mal ausprobiert. Einige Stationen weiter blicken wir uns im Streifen-Spiegel an – eine Kreatur aus meinen Haaren und Augen und aus Thomas' Nase und Kinn, eine bizarre Mischung aus Ich und Du. Auch nebenan wird das Wir wichtig. Ein weißhaariges Paar hält sich dort an den Händen und ringt auf einer wackeligen Balancierscheibe darum, gemeinsam das Gleichgewicht zu halten.

Kinder haben großen Spaß an den Sinnesstationen. Erwachsenen aber schenkt der Park eine Art Natur 2.0, er verändert die Nutzung der Sinne und damit unsere Wahrnehmung. Wo unsere Augen sonst schnell über die Landschaft gehuscht wären, fokussiert hier der Rahmen eines übergroßen Fernsehers unsere Aufmerksamkeit auf die Wald-, Wiesen- und Weinberglandschaft. Da liegt das bekannte Badenweiler neu inszeniert, weil wir aktiv hinschauen und nicht bloß konsumieren. Und damit zurück zum ollen Besserwisser Goethe und seinen weisen Ratschlägen.

☞ Den Geschmackssinn fördern kann man in der Markgräfler Winzerstube bei hausgemachter Kartoffelsuppe, Küferkäse und Gutedel. www.markgraefler-winzerstuben.de

BADENWEILER-OBERWEILER /// ALTE ÖLMÜHLE FAMILIE EBERHARDT ///
WEILERTALSTRASSE 8 /// 79410 BADENWEILER-OBERWEILER ///
00 49 / 0 76 32 / 76 04 ///

FLIESSEND GEPRESST

Walnussöl

9/11

Es ist die immer gleiche Handbewegung seit mehr als 350 Jahren. Mit einem Griff wird im Innern das straff eingehängte Seil gelockert, außen öffnet sich eine Klappe, und Wasser strömt auf die Schaufeln des Mühlrades. Mit Ächzen, Rumpeln und Schlagen setzt sich das hölzerne Räderwerk in Gang. So macht es heute Jürgen Eberhardt. So hat es auch schon sein Ururgroßvater gemacht. Fünf Generationen der Familie haben das Wasser des Klemmbaches genutzt, um Walnussöl zu pressen.

1854 hat der Ölmüller, Glasermeister und Chronist Johann Eberhardt die Mühle übernommen. Gebaut wurde sie jedoch bereits um das Jahr 1650. Was für eine museale Schönheit, denkt man deshalb auch beim ersten Blick auf die schwarzbraunen Balken. Die hölzerne Mühlentechnik ist noch nahezu im ursprünglichen Zustand. Im Zentrum steht ein runder Steinsockel mit einer hoch aufragenden Holzspindel. Durch Eisenstangen ist sie mit dem Läuferstein des Kollergangs verbunden. Treibt der Klemmbach nun das Wasserrad an, beginnen drehende Wellen und kreisende Räder den Läuferstein über die ausgebreiteten Walnusskerne zu ziehen.

Für uns ist der Vorgang so faszinierend, weil wir in einer Welt leben, in der Türen sich von Geisterhand öffnen, Kaffee auf Knopfdruck fließt und Züge ohne Führer fahren. Der unsichtbaren Technik von heute stehen in Eberhardts Ölmühle Fall- und Pressbalken, Holzkeile und Zahnräder von vorvorgestern gegenüber.

Zwei Kilo Kerne ergeben einen Liter Öl. Nach zwölf Stunden Arbeit und 150 Kilo Kernen kommen 75 Liter kaltgepresster Köstlichkeit heraus. Ich bin überzeugt, dass die uralte Handwerkstechnik der Pressung auch den Geschmack prägt. Das bernsteinfarbene Öl schmeckt nach frisch geknackter Walnuss, feinherb, ein bisschen buttrig und nach guter alter Zeit.

Neben Walnussöl stellt Familie Eberhardt auch Kürbiskern- und Haselnussöl her und verkauft es vor Ort. Besichtigungen der Mühle sind auf Anfrage möglich.

MÜLLMUSEUM WALLBACH /// HAUPTSTRASSE 162 ///
79713 BAD SÄCKINGEN-WALLBACH /// 00 49 / 0 77 61 / 43 25 ///
WWW.MUELLMUSEUM-WALLBACH.DE ///

AUF WIEDERSEHEN!

Bad Säckingen-Wallbach – Müllmuseum

53

»Schau mal, das hatten wir auch!«, ist der Ausruf, den man im Müllmuseum wohl am häufigsten hört. Silberne Zigarettenetuis, Kofferradios, Kochbücher in Sütterlinschrift, Puppenstuben und Kaufmannsläden, Kameras, Kaffeemühlen, Emaille-Geschirr und alte Arzttaschen, Schreibmaschinen, Schallplatten, Armbanduhren, Teppichklopfer und Eisenbahnen – auf fünf Etagen einer alten Scheune ist versammelt, was Erich Thomann in 20 Jahren als Planierraupenfahrer auf der Mülldeponie gefunden hat. Für die Wegwerfer war es wertloses Zeug, für ihn und seine Familie sind es Geschenke, die der Zufall ihnen machte.

Das Poesiealbum von 1879 hat Erich Thomann ebenso vor der Verrottung gerettet wie den kleinen, abgeliebten Teddybären in der selbst gestrickten Latzhose. Sein Finderlohn ist die Begeisterung seiner Besucher. »Ich war 17, als mir der Friseur mit so einem Ding die Haare verkohlt hat«, erzählt eine Dame, die heute mit ihrem Seniorenclub das Museum besucht. Lachend stehen sie vor »Wella Junior«, einem Dauerwellenapparat mit vielen Kabeln, Klemmen und einem Spannungsmessgerät. Man sieht sich eben immer zweimal im Leben, oft freut man sich darüber, manchmal wird das Wiedersehen aber tragisch. So wie bei dem Großvater, der seinen Enkeln einen Herd für ihr Puppenhaus gebaut hatte und ihn im Müllmuseum wiederfand.

»Schade, dass es das alles heute nicht mehr gibt«, dürfte der zweithäufigste Satz sein, den Familie Thomann hört. Die Wehmut der einstigen Wegwerfer verkennt jedoch den ewigen Kreislauf des Konsums. Denn die Designertasche von heute ist doch der Müll von morgen. Erst der Akt der Entsorgung und des Wiederfindens hat die Gebrauchsgegenstände geadelt. In 40 Jahren stehen unsere Kinder mit Nostalgieblick vor MP3-Playern, Mobiltelefonen, Mangas, Nordic-Walking-Stöcken und Yoga-Matten und rufen: »Schau mal, das hatten wir auch.«

An alte Zeiten erinnert auch die längste gedeckte Holzbrücke Europas, die Bad Säckingen seit Jahrhunderten mit Stein-Säckingen verbindet. www.bad-saeckingen.de

KATHOLISCHES PFARRAMT ST. FRIDOLIN /// MÜNSTERPLATZ 8 ///
79713 BAD SÄCKINGEN /// 00 49 / 0 77 61 / 56 81 90 ///
WWW.KATH-PFARREIEN-BAD-SAECKINGEN.DE ///

NO WOMAN, NO CRY

Bad Säckingen – Kanzelträger im Fridolinsmünster

54

Als sei man mitten in ein Törtchen gefallen, so sahnig weiß und steif geschlagen wirken die Stuckarbeiten im Fridolinsmünster. Feine Schnörkel, Ranken, Wellen, Zweige und Putten bedecken die Wände mit barocker Üppigkeit. Nach einer Zeit des Schwelgens in dieser fülligen Stucklandschaft stellt sich Schläfrigkeit ein. Satt gesehen und kurz davor, unter der ganzen Größe und Erhabenheit der Kirchendecke hinwegzudämmern, senkt sich mein Blick und fällt auf einen unverbesserlichen Frauenhelden und gewalttätigen Draufgänger, auf die lebensgroße Statue von Samson. Als hätte er sich eben erst mit gespreizten Fingern lässig die Locken aus der Stirn gestrichen, steht er da und stemmt mit ausgebreiteten Armen den Korb der Kanzel.

Seinem Haar hatte dieser Samson eine übermenschliche Stärke zu verdanken. Solange sein Haupt ungeschoren blieb, metzelte er Israels Feinde im Alleingang zu Tausenden nieder und besiegte selbst Löwen mit bloßen Händen. Hebräischer Herakles nennen ihn deshalb die einen. Für andere ist der grobschlächtige Killer eher ein jüdischer Rambo. In den Augen der Bad Säckinger Kirchenväter qualifizierten Samsons Kräfte ihn jedenfalls für die Aufgabe als Kanzelträger, und so sorgt er seit mehr als 290 Jahren dafür, dass Gottes Wort nicht ins Wanken gerät. So standfest zeigte er sich nicht immer.

Frauen waren Samsons größte Schwachstelle. Delila hieß die Dame, die ihm das Geheimnis seiner Kraft entlockte, es seinen Feinden verriet und ihm die Locken abschnitt. »No woman, no cry«, wusste schon Bob Marley, der wie viele Rastafaris auch besonders große Sympathien für den löwenmähnigen Samson pflegte: Ich danke dem vielleicht ersten Dreadlock-Träger der Geschichte dafür, dass er mit seinen Abenteuern voller Leidenschaft und Verrat ein wenig Spannung auf die zuckrig-weiße Stuckweste des Münsters kleckst.

Himmlische Sahnetorten, feinste Kuchen und Pralinen sind im Café Heinritz noch alle hausgemacht – Waldshuter Straße 22 – 26, www.cafe-heinritz.de

NORDWESTSCHWEIZ

BASEL-LANDSCHAFT UND AARGAU

HAUPTSITZ SCHWEIZER RHEINSALINEN AG SCHWEIZERHALLE /// RHEINSTRASSE 52 /// 4133 PRATTELN 1 /// 00 41 / 0 61 / 8 25 51 51 /// WWW.SALZ.CH ///

SALINE RIBURG /// RIBURGERSTRASSE (GPS: SALINENSTRASSE) /// 4310 RHEINFELDEN /// 00 41 / 0 61 / 825 51 51 ///

EINE PRISE SCHWEIZ

Rheinfelden – Schweizer Rheinsalinen

55

»Salz ist das Meer, das nicht in den Himmel zurückkehren konnte«, lautet ein Sprichwort. Wir stehen gerade einem Berg von 50.000 Tonnen weißer Körnchen gegenüber und vermuten beim Anblick dieser Menge, dass es im Himmel arg fade schmecken muss. Mit dem Salz, das sich da vor uns auf knapp 30 Metern türmt, lassen sich allerdings nicht Millionen von Suppen versalzen. Speisesalz produzieren die Schweizer Rheinsalinen nur an ihrem Hauptsitz Schweizerhalle in Pratteln. An ihrem zweiten Standort, der Saline Riburg in Rheinfelden, machen riesige Mengen Streusalz Eindruck auf die Besucher.

Klein, ehrfürchtig und fast so demütig wie in der Kirche stehen sie dann in den zwei Domen, die man dem Streusalz gebaut hat. Mehr als 180.000 Tonnen Salz können in den Holzkuppelbauten gelagert werden. Etwa 500.000 Tonnen werden an beiden Standorten jährlich an Speise-, Industrie-, Landwirtschafts-, Bade-, und Streusalzen produziert. Das entspricht etwa dem Gewicht von 10 Titanic-Schiffen oder 3.500 Blauwalen. Sind Sie im Bilde?

Über die Endlichkeit der Salzvorkommen muss man sich bei diesen Abbaumengen jedoch nicht sorgen. Das Meer, das sich vor 200 Millionen Jahren über die ganze Basler Region ergoss und sich dann gen Himmel verabschiedete, hat bis zu 90 Meter dicke Salzschichten zurückgelassen, die den Bedarf noch für Jahrhunderte decken.

Imponierender als die schieren Zahlen ist der Ort, an dem sie zustande kommen. Der Gang durch die große Industrieanlage in Riburg ist wie eine Reise durch einen Organismus. Es pumpt und pocht, verdampft, rotiert und läuft überall, und am Ende dieses weitgehend automatisierten Systems rieseln feine weiße Körner. »Nichts ist nützlicher als Sonne und Salz«, lautet ein weiteres Sprichwort. Wie wahr! Kein Salz im Himmel, stattdessen sichere Straßen, würzige Speisen und entspannende Bäder auf Erden.

Noch mehr über die Geschichte des Salzes und der Schweizer Rheinsalinen erfährt man im Firmenmuseum *Die Salzkammer* am Standort Pratteln.

GLOCKENSPIEL IM RUMPEL /// RINDERGASSE / HAUS ZUM SCHIEFEN ECK ///
4310 RHEINFELDEN /// WWW.RHEINFELDEN.CH ///

NADEL UND FADEN SEI DANK!

Rheinfelden – Glockenspiel im Rumpel

56

Und die Moral von der Geschicht: Unterschätz die Schneider nicht! So, so. Von tapferen Schneiderlein hat man ja schon öfter gehört, und auch von Marketingexperten, die den Stadttourismus mit hübschen Legenden ankurbeln wollen. Ist die Rheinfelder Schneidersage also nur eine gut gestrickte Werbemasche?

Vier Mal täglich stoppen Glockenklang und Ziegenmeckern die Passanten vor dem Haus zum schiefen Eck. Auf der Rückwand des Gebäudes verblüfft dann folgende Installation: goldene Uhrenziffern auf rotlackiertem Grund, darunter zwölf Glocken. Über einen Mauervorsprung nebenan läuft meckernd die Figur einer kleinen Ziege, erst hin, dann her – fast so wie in den Schießbuden auf der Kirmes. In einer Nische ganz oben hockt eine Skulptur im Schneidersitz, den rechten Arm erhoben, als hätte sie gerade Nadel und Faden durch ein Stück Stoff gezogen.

Was das Ganze soll, erklärt die Inschrift einer Tafel: Während des Dreißigjährigen Krieges belagerten schwedische Truppen Rheinfelden. Ihr Versuch, die Bevölkerung auszuhungern, wäre erfolgreich gewesen, hätte ein Schneider nicht Pfiffigkeit und Heldenmut bewiesen. Er nähte sich selbst und einige Polster in das Fell einer Ziege ein und spazierte auf dem Wehrgang der Stadtmauer umher. Beim Anblick des gut gemästeten Tieres verloren die Schweden die Geduld und gaben auf.

Über die Sehkraft der Skandinavier äußere ich mich an dieser Stelle nicht. Es ist aber auch nicht die Glaubhaftigkeit der Geschichte, die mich berührt hat. Es ist die Tatsache, dass mehr als 350 Jahre nach dem Krieg Menschen an die Geschehnisse erinnern möchten und mich dazu bringen, das Geschichtsbuch in die Hand zu nehmen, um all das noch einmal zu lesen, was ich nach meiner Abiturprüfung restlos gelöscht hatte. Wenn Sagen das bewirken können, dürfen auch Werbestrategen sie als Inspirationsquelle nutzen.

Nur keine Torschlusspanik! Die Uhr des Obertorturms geht bis heute sieben Minuten vor. Früher gelangten die Bürger so noch vor Torschluss in die Stadt.

ALLEIN MIT ALICE SCHWARZER

Liestal – Buchhandlung Rapunzel

57

Unter der Bettdecke, in der Badewanne und auf der Parkbank – alles schon gehabt. Und in der Buchhandlung? Natürlich, sogar mehrmals in der Woche, aber leider immer ohne echte Muße. Zu laut, zu voll, zu wenig Zeit. Entspannt stöbern und schmökern lässt es sich im Buchladen nur selten, es sei denn, man darf ihn erst nach Ladenschluss betreten. Rapunzel – die Buchhandlung im Kulturhaus Palazzo macht's möglich. Etwas Besonderes war der Laden von Anbeginn. Vor über 30 Jahren als Genossenschaftsbuchhandlung gegründet, wird er seitdem von Frauen geführt, die sich bei der Auswahl ihres Bücherangebots von gesellschaftlichen Anliegen leiten lassen. Rapunzel kommt deshalb auch nicht als designtes Kulturkaufhaus daher, sondern als kleine Bücherinsel mit hellen Holzregalen und hausgemachtem Kuchen im eigenen Café.

Weil die Rapunzel-Buchhändlerinnen Leserbedürfnisse sehr genau kennen, entwickelten sie ein neues Angebot: *Ischliesse & Gniesse* heißt die Aktion. Die Leser kommen, die Buchhändlerinnen gehen, die Ladentür wird zugesperrt, und dann gehört der Abend ganz dem Gedruckten. Den Bilderbüchern zum Beispiel, die man sich sonst in der Öffentlichkeit nur gemeinsam mit Alibi-Kindern anschaut, oder einem Titel von Alice Schwarzer, den Frau vielleicht nicht in die Hand nehmen würde, aus Sorge, der nette Mann am Bücherregal nebenan könnte einen falschen Eindruck von ihr bekommen. *Ischliesse & Gniesse* ist die Gelegenheit für Bücher, denen man normalerweise gar keine Chance geben würde, für teure Bildbände, die man meist nicht zur Kasse trägt und für echte Entdeckungen von Autoren, die auf keiner Bestsellerliste auftauchen. Damit Hunger einem die Lesereise nicht vermiest, steht ein Apéro bereit, und am Ende des Abends weiß man, welches Werk sofort mit nach Hause oder unbedingt auf die Bücherwunschliste muss.

☞ Kultur statt Kippe. An ausrangierten Zigarettenautomaten im Raum Basel kann man sich Schachteln mit Literatur ziehen. www.literaturautomatbasel.ch

HENKERMUSEUM /// KIRCHGASSE 2 /// 4450 SISSACH ///
00 41 / 0 61 / 971 12 12 /// WWW.HENKERMUSEUM.CH ///

KEIN KLEINER HORRORLADEN

Sissach – Henkermuseum

58

Heute fahren die Kranken zur Kur, im Mittelalter gingen sie aus gesundheitlichen Gründen zu einer Enthauptung. Nicht Schau- und Sensationslust sollten ihre Leiden lindern, sondern der Körper des Toten. Das ergibt dann Sinn, wenn man annimmt, die Lebensspanne jedes Menschen sei vorherbestimmt. Stirbt er auf unnatürliche Weise, lässt sich der Rest seiner nicht aufgebrauchten Lebenszeit abzapfen. Mit Bechern sollen Epileptiker vor dem Schafott gesessen haben, um das spritzende Blut aufzufangen.

Auch jeder gute Apotheker hatte Hirnschalenfleisch und Menschenfett vorrätig, die er sich vom Henker beschaffen ließ. Der war nämlich nicht nur für die Hinrichtungen zuständig, für fachmännische Folter und für Kontrolle der Dirnen, sondern auch für die Herstellung heilmagischer Substanzen aus toten Körpern und für die Behandlung von Kranken, die wussten, dass der Henker mehr Ahnung von Anatomie hatte als ein Arzt. Ein Allrounder also, der für seine Dienste mit einem Leben als Außenseiter zahlte. Auch davon erzählt Guido Varesis Henkermuseum, und das macht diesen Ort so besonders. Schandmasken, Daumenschrauben, Folterbirne, Richtschwerter und -beile, ein Guillotinen-Nachbau und Originalklingen, ein gebrauchter Henkerstrick und das Gebetsbüchlein eines Hingerichteten gehören zu den Exponaten.

Für morbiden Charme bin ich etwa so empfänglich wie der Vatikan für Voodoo, und wenn die Dinge so liegen, zählt man ein Henkermuseum eigentlich nicht zu seinen Lieblingsplätzen. Guido Varesi aber hat hier keinen kleinen Horrorladen, keine Gruselshow geschaffen, sondern einen Ort der Geschichte und der Geschichten. Möchten Sie wissen, warum Henker in den Himmel kamen, Gehenkte aber nicht, wieso der Tod manchmal mit der Bundesbahn fuhr und was es mit den drei Löchern in der Spitze eines Richtschwertes auf sich hat? Dann sollten Sie den Weg nach Sissach finden.

Von vergangenen Zeiten erzählt auch das Refugium Sissacherfluh. Die Ruinen einer uralten Wehranlage liegen nördlich von Sissach. www.sissacherfluh.ch

WHISKY-BRENNEREI HOLLEN /// HOLLEN 52 /// 4426 LAUWIL ///
00 41 / 0 61 / 941 15 41 /// WWW.SWISS-WHISKY.CH ///

ENGELCHENS ANTEIL

Lauwil – Whisky-Brennerei Hollen

Wenn Schweizer auf Schotten machen, kommen dabei nicht zwangsläufig geizige Eidgenossen mit Dudelsack heraus, sondern hervorragende Whisky-Produzenten. Der bernsteinfarbene Kultbrand lagert allerdings erst seit einigen Jahren in ihren Fässern. Davor war es in der Schweiz untersagt, aus Grundnahrungsmitteln wie Getreide Spirituosen herzustellen. Als dieses Verbot 1999 fiel, wurde ein Landwirt aus Lauwil zum Schweizer Whisky-Pionier. Als hätte Ernst Bader nur darauf gewartet, endlich loslegen zu können und in seinem ehemaligen Kuhstall mit Quellwasser, Malz aus Biogerste und Hefe das zu brennen, was auf gälisch »*Usquebaugh*«, Lebenswasser genannt wird. Dabei hatte er bis dahin selbst noch nie Whisky getrunken, nur viel über seine Produktion gelesen. Weil auf dem Hollen-Hof aber traditionell Bier gebraut und Obstschnäpse gebrannt wurden, gelang es Bader auch, einen erstklassigen Whisky herzustellen, der selbst Mitglieder der Scotch Malt Whisky Society beeindruckte.

Neben solch irdischem Lob sind ihm auch jenseitige Ehren gewiss. Es heißt, Whisky-Brenner kämen alle in den Himmel, weil sie als Eintrittspreis den *angel's share* zahlen, der Teil an Flüssigkeit, der aus den Fässern verdunstet. In Lauwil verpuffen rund drei Prozent pro Jahr in der Luft. Das ist etwas mehr als in Schottland üblich, denn Ernst Baders Destillerie liegt höher als jede schottische Brennerei, sodass die trockenere Luft einen größeren Verdunstungsverlust und beschwipste Engelchen bedeutet.

Und schmeckt Schweizer Whisky denn schottisch? Torfromantik füllt Ernst Bader nicht in die Flasche. In den rund 100 Fässern, die in seinen Kellern lagern, reifen milde und malzige Single Malts, würzige und leicht rauchige, mit Lakritznote oder Vanillearoma, und exotischer als ein schottischer ist ein Schweizer Whisky allemal.

Ernst Baders Tochter Annamarie züchtet seltene Schafrassen. Mit deren Fleisch und dem hauseigenen Whisky stellt sie Whisky-Rauchwürste her. Verkauf ab Hof.

EVANGELISCH-REFORMIERTE KIRCHGEMEINDE
ORMALINGEN-HEMMIKEN /// KIRCHGASSE /// 4466 ORMALINGEN ///
00 41 / 0 61 / 981 10 33 /// WWW.BASELLAND.CH ///

MIT SOCKEN GESÜNDIGT

Ormalingen – Feiertagschristus

59

Jesus Christ Superstar? Wohl nicht in Ormalingen, denn allzu beliebt schien Jesus in dieser Gemeinde nicht gewesen zu sein. Diesen Eindruck erweckt zumindest ein Wandbild in der Dorfkirche. Darauf stechen, hämmern, prügeln, bohren, picken und dreschen dutzende Gerätschaften auf Jesus ein, manche verletzen, andere zielen drohend auf ihn. Peitschen, Dornenkrone und Kreuznägel sind aus der Leidensgeschichte Christi bekannt. Hacke, Axt und Sichel kommen in der offiziellen Version des Neuen Testaments jedoch nicht vor. Einen absonderlichen Hinweis auf den Handwerker Jesus – seines Zeichens Zimmermann – gibt das Fresko auch nicht. Um Arbeit geht es aber tatsächlich, genauer um ein Verbot derselben.

Schon im Mittelalter galt die Sonntagsruhe als gefährdet. Wie aber begründete man damals die Notwendigkeit zur Einhaltung des Gebots »Du sollst den Feiertag heiligen«? Mit einer drastischen Darstellung von Christus, der durch herkömmliche Arbeitsgeräte gemartert wird. Kernbotschaft: Solange der Mensch sündigt, so lange wird Gottes Sohn leiden. Entstanden ist das Wandbild von Ormalingen etwa 1360. Der Maler umzingelte Jesus mit Werkzeugen, die ihm aus seiner alltäglichen Erlebniswelt bekannt waren: Spindel, Messer, Heurechen, Sporen, Schere, Dreschflegel, Sense, Spachtel und Pflug. Um alle erdenklichen Arbeitsgeräte auf das Bild zu bekommen, verlängerte der Maler seinen Christus auf rund 3,50 Meter und brachte so auch noch Quaste, Kamm und eine lange Socke unter, damit sich auch Bader, Barbiere und Strumpfmacher an das Arbeitsverbot hielten.

Bilder vom Feiertagschristus sind selten. Nur etwa 50 dieser Motive sind in Mitteleuropa bekannt. Meist ist Jesus darauf nackt oder nur mit einem Lendenschurz zu sehen. Einzig in Ormalingen ist er vollständig bekleidet. Er war ihnen kein Superstar, aber doch einer mit Sonderstatus.

In der Sankt-Nikolaus-Kirche der Nachbargemeinde Oltingen sind Fresken aus der zweiten Hälfte des 15. Jahrhunderts zu bewundern. www.oltingen.ch

99 3462
STIFTUNG YSEBÄHNLI AM RHY /// RHEINSTRASSE 7 /// 4133 PRATTELN ///
WWW.YSEBAEHNLI-AM-RHY.CH ///

GULLIVERS EISEN

Pratteln – Ysebähnli am Rhy

60

Wenn kleine Jungs groß werden, wachsen auch ihre Träume mit. Da können dann aus 16,5 Millimetern schon mal 184 Millimeter werden. Wir reden hier von Spurweiten, liebe Laien. Schickten die Knirpse von früher die Püppchen ihrer Schwester mit der Spielzeugeisenbahn durchs Wohnzimmer, fahren die Kerle von heute gleich die ganze Familie mit Gartenbahnen am Teich vorbei.

Im Baselbiet pilgern Freizeitzugführer zu diesem Zweck nach Pratteln. Auf dem Gelände der Stiftung *Ysebähnli am Rhy* lassen sie dann ordentlich Dampf ab. 870 Meter Gleise, Wassertürme, Weichen, Kohlebunker, Brücken, Bahnübergänge, ein Depot mit Schiebebühne und einige Steigungen, bei denen ganz schnell gar nichts mehr geht, wenn nicht genug Druck im Kessel ist. Mannsbilder mit Brustumfängen mittelgroßer Bäume hocken hier auf Lokomotiven, die sie Heidi, Susi oder Emma getauft haben. Frauen stehen als Namenspatinnen und als Passagier bereit, selbst steuern sie nur selten. Vermutlich ist den Herren das Gleis was den Damen der Laufsteg – die einen machten keine Karriere bei der Bahn, die anderen wurden keine Models. Ich finde die Fahrt durch den Garten tatsächlich unterhaltsam, und das, obwohl ich eine Frau bin. Glänzender Lack und weiße Dampfwölkchen, dazu ein Sound aus Rattern, Zischen und Pfeifen – der Nachmittag in Pratteln wird für mich, Runde um Runde, zu einer meditativen Übung.

Kinder zeigen mir ihre lachenden Karussellfahrtgesichter. Stolze Lokführer steuern mit dem feierlichen Ernst einer Festtagsprozession, der jeden Witz zum Thema Gulliver im Liliputland verbietet, und wenn sie nicht fahren, dann fachsimpeln sie. Dann liegt da dieser ganz besondere Klang in ihren Stimmen, den man nur bei Menschen hört, die ihren Spieltrieb aus der Miniwelt heimischer Modelleisenbahnen herübergerettet haben in einen Prattler Garten hoch über dem Steilufer des Rheins.

Weitere Fahrgelegenheiten mit Gartenbahnen bietet auch der Verein Dampfbahn Basel im Park an der Wilhelm Klein-Strasse 27. www.dampfbahn-basel.ch

ST. ARBOGAST /// KIRCHPLATZ /// 4132 MUTTENZ ///
00 41 / 0 61 / 461 44 88 /// WWW.MUTTENZ.CH ///

CLUB DER VETERANEN

Muttenz – Grenzstein-Sammlung St. Arbogast 61

Als das Allwissen noch bei Gott und nicht auf Google lag, wurden in geheimen Riten Steine gesetzt, um Grenzen zu markieren und so benachbarte Länder, Kantone, Gemeinden und private Grundbesitzer wissen zu lassen, wie weit sie gehen dürfen. Einmal errichtet, galten die Grenzsteine als unverrückbar. Marksteinfrevler, die den Verlauf der Trennlinie zu ihren Gunsten korrigieren wollten, hatten mit furchtbarer Vergeltung zu rechnen. Baumeister Jakob Eglin verrückte Steine im ganz großen Stil und blieb dennoch ungestraft: Als Anfang des 20. Jahrhunderts ein neues Wegenetz in Muttenz angelegt wurde, mussten alle Grenzsteine, die nicht aus Granit waren, ersetzt werden. Um die alten Steine vor der Zerstörung zu bewahren oder vor dem Schicksal, zwischen Gartenzwergen und Stiefmütterchen in privaten Vorgärten zu landen, sammelte Jakob Eglin sie ein. Über 100 Steine brachte er nach St. Arbogast, in die einzig erhaltene Wehrkirche der Schweiz.

Hinter deren Ringmauer sind sie im Innenhof versammelt und zeigen sich gegenseitig die steinkalte Schulter. Früher allein auf weiter Flur, müssen die wackeren Grenzsteinveteranen heute dicht zusammenrücken. Wind und Wetter haben den Steinblöcken ein Moosfell wachsen lassen. Ihre kunstvoll eingravierten Hoheitszeichen und Initialen verraten, welcher Klotz wem als Güter-, Bistums- oder Bannstein diente. Die Steine in St. Arbogast erzählen von einigen Hundert Jahren Grenzsteingeschichte und von Grenzsteintraditionen. Immer im Frühjahr schritten die Baselbieter Bürger die Grenzen ihres Banns (Gemeindegebiet) ab. So konnten sie die Position der Steine kontrollieren, gleichzeitig um göttlichen Segen für die Flur bitten und das Wissen um den Grenzverlauf an die heranwachsende Generation weitergeben. In Muttenz wird der Brauch des Banntages noch heute am Auffahrtstag (Christi Himmelfahrt) gepflegt.

Eine kleine Sammlung historischer Grenz- und Kreuzsteine zeigt auch das Historische Museum in Basel hinter der Barfüsserkirche. www.hmb.ch

FROSCHMUSEUM MÜNCHENSTEIN /// GRABENACKERSTRASSE 8 ///
4142 MÜNCHENSTEIN /// 00 41 / 0 61 / 411 77 41 /// WWW.FROGGY.CH ///

NENN MICH NICHT HASI!

Münchenstein – Froschmuseum

62

Wir machen Witze über die falschen Prognosen der Wetterfrösche, husten uns den Frosch aus dem Hals, fordern Feiglinge auf, kein Frosch zu sein, und vor der elend langen Zunge des glibberigen Amphibiums ekeln wir uns. Wirklich gut gelitten scheint der Frosch bei uns nicht zu sein. Im Mittelalter galt er gar als Tier des Teufels, und jede Hexe, die etwas auf sich hielt, brauchte Froschgebein für ihren Zaubersud.

Märchen und Zeichentrickfilme machten den garstigen Gesellen aus dem Teich jedoch mittlerweile zum idealen Kusskandidaten, und zum bekanntesten aller Frösche wurde Kermit, der Entertainer aus der Muppet-Show. »Ein Frosch ohne Humor ist nur ein kleiner grüner Haufen«, verriet Showmaster Kermit seinem Publikum, und ohne Humor stünde man im Münchensteiner Froschmuseum auch nur einem großen, einem riesengroßen grünen Haufen gegenüber. Paracelsus glaubte einst, Frösche regneten vom Firmament. Ein Rundumblick in die Regale des Museums und man ist versucht, ihm Recht zu geben. Über 15.000 Frösche haben Elfi Hiss und Rolf Rindlisbacher in mehr als 30 Jahren gesammelt. Frösche aus Glas, die kleinsten so winzig wie Flöhe; Frösche in Gießkannenform, Froschstempel, Froschfasnachtsmasken, Froschfingerhüte, Legofrösche – überall lachen sie von Regenschirmen, hüpfen über Schneidebrettchen, prangen auf Unterhosen und erklären einem das Froschkamasutra.

Mit jedem Frosch verbinden Elfi Hiss und Rolf Rindlisbacher eine Geschichte, eine Begegnung, eine Erinnerung. Mit einem Zinnfrosch fing alles an. Den kaufte das Ehepaar, weil Fröschli ihr Kosename füreinander ist. Der Wallfahrtsort für Froschfans in Münchenstein ist demnach eine Folge von Romantik. Also Achtung: Hasi, Schnecke oder Spätzchen sagt sich schnell, bedenken Sie mögliche Konsequenzen. Andererseits: Was gibt es Schöneres als ein Museum, das aus Liebe entstanden ist?

In Brüglingen bei Münchenstein zeigt das Museum für Pferdestärken Transportmittel vergangener Tage: Kutschen, Fuhrwerke und Schlitten aller Art. www.hmb.ch

Fröschli
Fröschli
Fröschli
Frösc

FROSCH IM HALS?

Münchenstein – Cola-Fröschli

11/11

Es ist rund fünf Gramm leicht, hat einen kleinen, abgeflachten Körper mit glatter Oberfläche und einer einheitlich braunen Farbe – das Fröschli. Den größten Teil seines Lebens verbringt es auf dem Bauch liegend, in einer fast buddhistisch zu nennenden Erwartungshaltung. Die erste Generation der Fröschli-Gattung entwickelte sich 1938 zunächst im Kanton Basel-Landschaft, verbreitete sich von dort jedoch rasant in der ganzen Schweiz aus. Allerdings blieben die Fröschli endemisch, kommen also weltweit nirgendwo sonst vor.

Im Gegensatz zu anderen Froschlurchen durchlaufen die Fröschli keine Larvenphase, wohl aber eine Metamorphose, an deren Ende sich aus einer amorphen Masse ein vollausgebildetes adultes Fröschli formt. Fortan leben sie im größeren Gruppenverband in Tüten und Dosen und sind ganzjährig in Kiosken, Süßwarenläden und Supermärkten anzutreffen. Vier Arten der Fröschli-Gattung sind bekannt: Cola-, Himbeer-, Zitronen- und Karamell-Fröschli. Große Vermehrungsraten können jedoch nur für das Fröschli mit Cola-Aroma festgestellt werden. Seine Lebenserwartung ist freilich begrenzt. Einmal aus der schützenden Plastikhülle entnommen, scheidet es in wenigen Minuten dahin. Wo südamerikanische Frösche Giftdrüsen einsetzen können, verfügt das Cola-Fröschli über keinerlei Schutzmechanismen. Dunkelbraun gefärbte Zungen und ein wunder Gaumen nach dem Verzehr zu vieler Fröschli können nicht abschrecken.

Unter der großen Hartbonbon-Verwandtschaft geht das Cola-Fröschli in der Gunst Schweizer Schleckermäuler als großer Sieger hervor. Seit über 70 Jahren lutschen sie ihr Kult-Bonbon schon. Trotz des hohen Konsums ist eine ernsthafte Gefährdung der Fröschli-Art nicht zu befürchten, solange es Zucker, Glukose- und Karamellzuckersirup, Zitronensäure, Pflanzenfett und das nach Geheimrezept produzierte Cola-Aroma geben wird.

Eine weitere süße Spezialität aus dem Baselland sind die Zimtstängel. Sie werden ganzjährig gebacken und sind nur auf Bauernhöfen oder -märkten zu kaufen.

GLASMALEREI STEBLER /// EMIL FREY-STRASSE 171 ///
4142 MÜNCHENSTEIN /// 00 41 / 0 61 / 411 15 85 ///
WWW.GLASMALER-STEBLER.CH ///

Münchenstein – Glasmalerei Stebler

63

»Ich weiß gar nicht, ob meine Arbeit einen Bericht wert ist.« Martin Stebler kokettiert nicht mit diesem Satz. Es ist keine gezierte Künstlerattitüde, die da zum Ausdruck kommt, sondern echte Bescheidenheit. Selbstdarstellung und Verkaufsstrategien sind Steblers Sache nicht. Licht, Formen und Farben interessieren ihn dafür umso mehr, und in seinem Atelier-Geschäft kann er die Überzeugungsarbeit ohnehin seinen Werken überlassen. Sonnenlicht spielt dort mit den Farben in Steblers Laternen, Fenstern, Wappen- und Vereinsscheiben, lässt das Rot glühen, das Rosa perlen und das Blau samtig schimmern.

Gearbeitet wird im Untergeschoss und im hinteren Teil des Ladens. Da liegen Flachzangen und Farbvorlagen, Lötkolben, Pinsel, Bürsten, Bleistege und ein halb fertiges Fenster. Technische Neuerungen erleichtern den Glasmalern vieles, die einzelnen Arbeitsgänge haben sich seit dem Mittelalter jedoch kaum verändert. Martin Stebler erklärt, wie einzelne Gläser ihre vorgesehene Form erhalten und neue Bleiruten zwischen die Glasstücke gesetzt werden. Dann erzählt er von Farben, Brenntemperaturen und Spannungsunterschieden im Glas, schwärmt von der besonderen Brillanz des Antikglases und von den einzigartigen Kirchenfenstern des Klosters Königsfelden und berichtet schließlich von seinem Wunsch, selbst öfter richtig große Fenster entwerfen zu können. Über seine Arbeit gibt es also doch sehr viel zu berichten. Seit 35 Jahren ist Martin Stebler nun Glasmaler und seine Lust, mit Licht Farbe zu erzeugen, hat ganz offensichtlich nicht abgenommen.

Ich überlege, welche Namen man Glasmalern noch geben könnte. Lichtwandler? Farbzauberer? Dirigenten des Gegenlichts? Das klänge Martin Stebler bestimmt zu pathetisch. Glasmaler, einfach Glasmaler. Mehr Worte braucht es auch nicht. Die Faszination farbigen Lichts genügt vollkommen.

Wer sein eigenes Glasbild gestalten möchte, der kann dieses Kunsthandwerk vom Entwurf bis zum Verbleien in einem Kurs bei Martin Stebler erlernen.

STIFTUNG ERMITAGE ARLESHEIM UND SCHLOSS BIRSECK ///
DOMPLATZ 8 /// 4144 ARLESHEIM /// 00 41 / 0 61 / 706 95 50 ///
WWW.ERMITAGE-ARLESHEIM.CH ///

IMMER SCHÖN DEN HÜGEL HINAUF

Arlesheim – Schloss Birseck

64

Was war los anno 1239? Mongolische Horden erobern russische Städte, Kreuzritter erleiden in der Schlacht bei Gaza eine böse Niederlage, und Papst Gregor IX. hat die Faxen dicke, die Friedrich II. so macht, und verhängt einen Bann über den aufmüpfigen Kaiser. Dagegen wirkt Basels Eintrag in das Weltjahrbuch 1239 harmlos: Basels Bischof kauft dem elsässischen Kloster Niedermünster für 80 Mark Silber alle Besitzungen in der Birsebene ab, einschließlich eines markanten Felsens oberhalb des Dorfes Arlesheim. Ein idealer Standort für eine Burg, die Landvögten als Amtssitz dienen soll. Schloss Birseck wurde gebaut, mächtig und kompakt, dennoch nicht trutzig genug für die Gewalten der kommenden Jahrhunderte: Erdbebengeschädigt, geplündert, als Steinbruch missbraucht und in Brand gesteckt, lag Schloss Birseck am Ende des 18. Jahrhunderts in Schutt und Asche. Teilweise wieder aufgebaut und renoviert, stecken hinter seiner zinnengekrönten Ringmauer immer noch viel Mittelalterflair und Ritterromantik.

Von Arlesheim führt ein Spazierweg zum Schloss, und schon aus der Ferne heben sich die graubeigen Mauern sanft gegen den Himmel ab. Fast ein bisschen unscheinbar hockt der Bau auf dem weichen Buckel eines bewaldeten Hügels und ihm zu Füßen – die Ermitage, der größte englische Landschaftsgarten der Schweiz. Auf rund 40 Hektar dehnt sich der Garten aus mit seinen verschlungenen Wegen, Weihern, Grotten, Höhlen und dem Burgberg. Oben angekommen, ahnt man beim Anblick von Wirtschaftsgebäuden, Rittersaal und Schlosskapelle, dass das Leben von bischöflichen Würdenträgern, Landvögten und Dienstadel nicht allzu pompös war. Angeben konnten die Schlossherren allerdings mit einer jederzeit prachtvollen Aussicht. Vom Bergfried aus blickt man über das Birseck mit seinen Wiesen, Rebbergen, Obstgärten und dem alten Dorfkern von Arlesheim samt barocker Domkirche.

Etwa 500 Meter weiter nördlich vom Schloss erhebt sich eine weitere Birseck-Burg, bekannt als Burg Reichenstein.
www.arlesheim.ch

SKULPTURENWEG REINACH /// LEYWALD /// 4153 REINACH /// WWW.BGREINACH.CH ///

GALERIE MIT WURM UND PILZ

Reinach – Skulpturenweg

65

Gleich zwinkert er mir zu. Seit zehn Minuten schauen wir uns schon an, ich in nassem Laub stehend, er auf einer Blume hockend. Ein Knie hat er an den Körper gezogen, hält es mit beiden Armen locker umschlungen. Sein Blütenkelchhut sitzt ihm fest auf dem Kopf, und seine geöffneten Flügel leuchten in der Morgensonne. Mit großen Murmelaugen blickt er von vorn wie ein Knabe, sieht im Profil hingegen aus wie ein Mann. Es ist ein kleiner Elf, der hier im Leywald sitzt und Spaziergänger mit seinem neugierig-freundlichen Gesichtsausdruck innehalten lässt, ein Elf aus Holz. Nichts aber ist grob, klotzig oder spröde an ihm. Etwas von der Vitalität, der Kraft und dem Geist seines Schöpfers muss bei der Bildhauerarbeit auf den Elf übergegangen sein.

Lebendig ist er nicht, ein Wesen hat er dennoch, so wie die Eule, die neben großer Müdigkeit, eine noch größere Sehnsucht ausdrückt, wie der strubbelige Kobold, der hinter einem Baum hervorlugt, und wie die Meerjungfrau, die sich in tänzerischer Geste himmelwärts reckt. Sägen, Hobel, Schnitzeisen und Feilen formten all diese Körper, gruben der Hexe tiefe Furchen ins Gesicht, schmirgelten das Schneckenhaus glänzend glatt, schliffen dem Gamsbock ein würdevolles Geweih. Über 40 Figuren sind hier seit der Eröffnung des Skulpturenweges im Jahr 2005 entstanden.

Die Anwesenheit der Holzwesen in diesem Wald erscheint so selbstverständlich, als wären sie nicht von Menschenhand geschaffen, sondern einfach so aus dem Stamm gewachsen. Ob ebenmäßig oder zerklüftet, ob grob oder fein – Vergänglichkeit und Verfall sind in allen Figuren angelegt. Auch der Elf ist sterblich. Fäulnis und Fraß, holzzerstörende Pilze und Würmer werden ihn wieder zu dem machen, woraus er entstanden ist: Kohlendioxid, Wasser und Mineralien – auf dass daraus wieder ein Baum wachse, aus dessen Stamm ein Gesicht geschnitzt werden kann.

Holzbaumeister der anderen Art können im Naturschutzgebiet Reinacherheide besucht werden – die Biber.
www.naturschutzdienst-bl.ch

ELISABETH UND RUEDI MOSIMANN /// LÖRZBACHMÜHLEWEG 5 B ///
4123 ALLSCHWIL /// 00 41 / 0 61 / 481 45 23 ///
WWW.LAMA-ERLEBNIS.CH ///

LASST UNS LAUFEN, COMPAÑEROS!

Allschwil – Lama-Trekking

66

Das Glück der Erde liegt nicht auf dem Rücken der Pferde, es läuft neben einem und sorgt dafür, dass die Stimmung steigt. Beim Blick auf gespaltene Oberlippen, flotte Fransenfrisuren und Mokkaaugen schüttet das Gehirn glücklich machende Botenstoffe aus wie sonst nur beim Sport, beim Singen oder eben beim Trekking mit tierischem Begleiter.

So euphorisch wie wir sind Gaucho, Santana, Copacabana, Orinoco und Esperanza allerdings nicht. Ein echtes Lama ist ein stolzes Lama und nicht leicht rumzukriegen. Jeder Blick ein Ausrufezeichen der Unnahbarkeit. Doch Grünfutter ist aller Freundschaft Anfang, und beim anschließenden Striegeln sind bereits kleine Streicheleinheiten erlaubt. Die Tiere genießen in Stille. Nur zwei fiepen leise, als hätten sie sich gerade gegenseitig unanständige Witze erzählt und eines summt träumerisch, der Rest schweigt.

Die Ruhe der Tiere überträgt sich auch auf uns. In Karawanenformation ziehen wir durch den Allschwiler Wald – immer ein Trekkingschuhträger mit einem Paarhufer. Gelassener als dieses Duo schon nach einer halben Stunde Wanderung kann auch kein Yogi im Lotussitz sein. Das Lama dein Guru. Mit der therapeutischen Wirkung der Tiere haben Elisabeth und Ruedi Mosimann wohl nicht gerechnet, als vor rund 20 Jahren die Entscheidung anstand, welche Tiere sie neben Simmentaler Kühen noch halten wollten. Sie haben sofort erkannt, dass Lamas Geschöpfe mit echtem Format sind und sich eindeutig gegen Yaks und Strauße und für die ursprünglich aus Südamerika stammenden Lamas entschieden. Das überschäumende Temperament der Latinos haben Gaucho, Esperanza & Co. nicht geerbt, doch dafür macht ihr kontemplativer Charme die Leisetreter zu absolut gelassenen Gefährten. Wer sich aufs Lama einlässt, lernt viel über Vertrauen, Geduld und Eintracht – und im besten Fall etwas über sich selbst.

Im Mai und Juni können Sie auf dem Hof der Mosimanns selbst Erdbeeren pflücken. Frischer Knoblauch aus Eigenproduktion ist bis August zu haben.

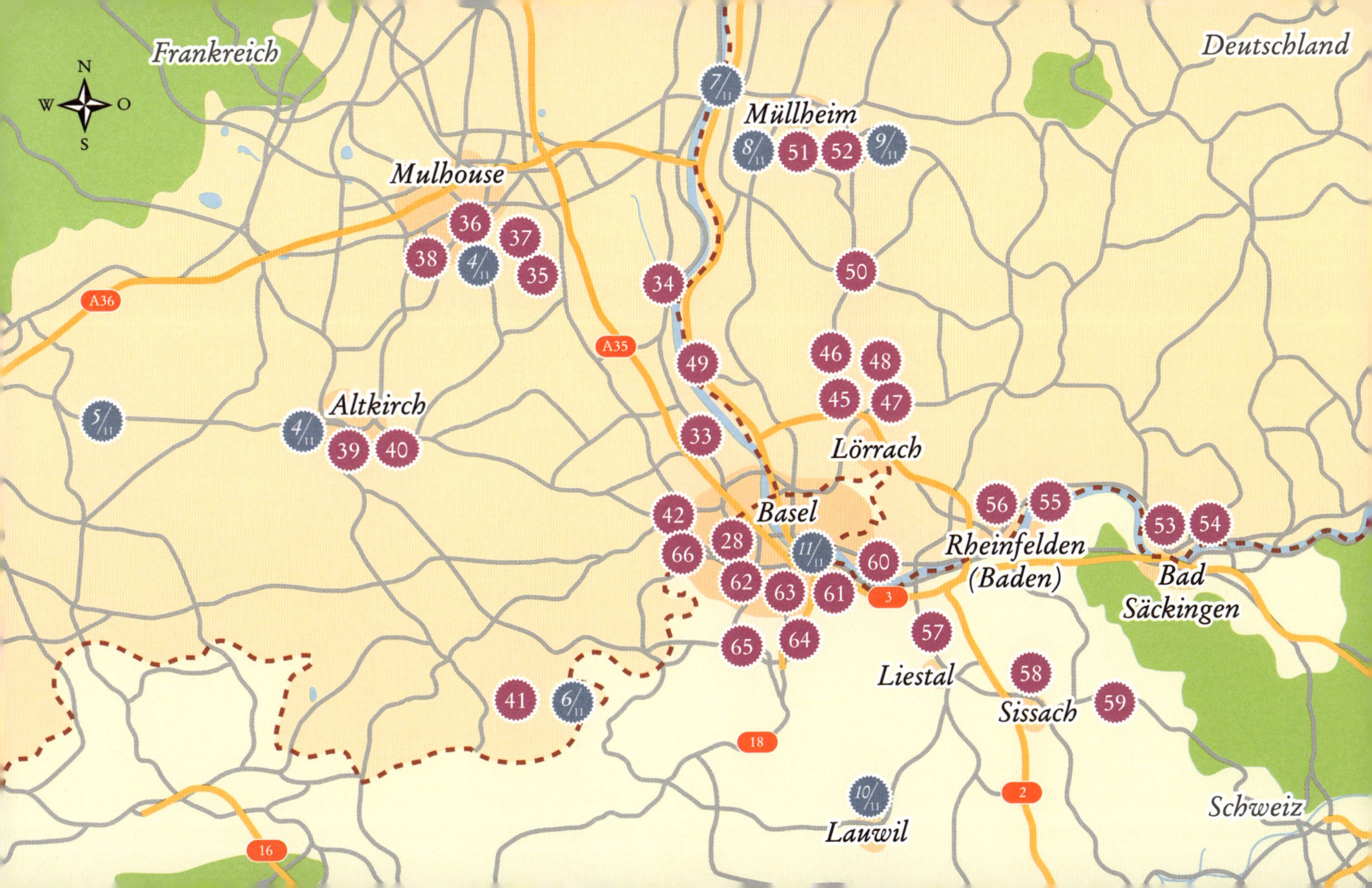
Frankreich
Deutschland
Schweiz
N
W
O
S
Mulhouse
Müllheim
Altkirch
Lörrach
Basel
Rheinfelden
(Baden)
Bad
Säckingen
Liestal
Sissach
Lauwil
A36
A35
3
18
2
16

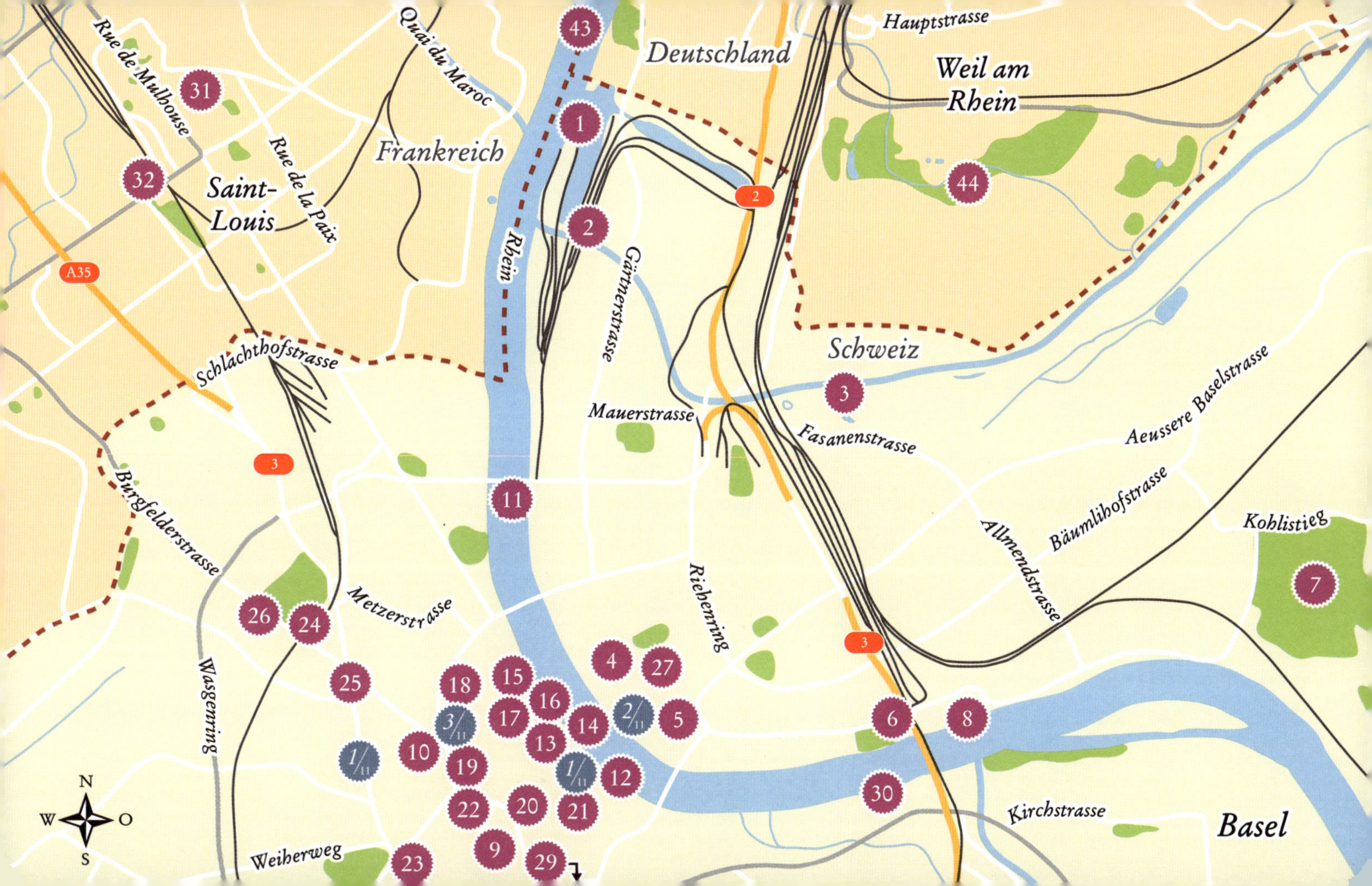
Deutschland
Weil am Rhein
Hauptstrasse
Frankreich
Saint-Louis
Rue de Mulhouse
Rue de la Paix
Quai du Maroc
A35
Schweiz
Rhein
Gärtnerstrasse
Mauerstrasse
Fasanenstrasse
Aeussere Baselstrasse
Bäumlihofstrasse
Allmendstrasse
Kohlistieg
Riehenring
Schlachthofstrasse
Burgfelderstrasse
Metzerstrasse
Wasgenring
Weiherweg
Kirchstrasse
Basel
N
W
O
S

REGISTER